REGULATION OF CAPITAL MARKET IN THE

DIGITAL AGE

数字时代的资本监管

郑志刚 著

北京大学出版社
PEKING UNIVERSITY PRESS

图书在版编目（CIP）数据

数字时代的资本监管 / 郑志刚著. --北京：北京大学出版社, 2024.10. -- ISBN 978-7-301-35615-9

Ⅰ. F832.51

中国国家版本馆CIP数据核字第20246D9H97号

书　　名	数字时代的资本监管	
	SHUZI SHIDAI DE ZIBEN JIANGUAN	
著作责任者	郑志刚　著	
责任编辑	刘冬寒	
标准书号	ISBN 978-7-301-35615-9	
出版发行	北京大学出版社	
地　　址	北京市海淀区成府路205号　100871	
网　　址	http://www.pup.cn	
电子邮箱	编辑部em@pup.cn　总编室zpup@pup.cn	
新浪微博	@北京大学出版社　@北京大学出版社经管图书	
电　　话	邮购部010-62752015　发行部010-62750672　编辑部010-62750667	
印　刷　者	北京中科印刷有限公司	
经　销　者	新华书店	
	720毫米×1020毫米　16开本　13印张　250千字	
	2024年10月第1版　2024年10月第1次印刷	
定　　价	55.00元	

未经许可，不得以任何方式复制或抄袭本书之部分或全部内容。
版权所有，侵权必究
举报电话：010-62752024　电子邮箱：fd@pup.cn
图书如有印装质量问题，请与出版部联系，电话：010-62756370

目录 CONTENTS

导　论　数字时代的资本监管：从应急监管到合规治理……………… 1

第一篇　数字时代的中国资本市场

第1章　从明清时期的现代资本市场身影到数字时代的中国资本市场……… 21

第2章　中概股：观察中国资本市场的一扇窗户……………………… 47

第二篇　数字时代资本监管的基本理论问题

第3章　数据的产权属性究竟属于谁？………………………………… 77

第4章　大数据能成为企业家精神与市场的替代吗？………………… 87

第5章　资本金融与货币金融的监管理念相同吗？…………………… 98

第6章　社会责任必然成为"公司的目的"吗？ ……………………… 114

第三篇　数字时代资本监管理念的创新

第7章　从"从严监管"走向"合规治理"…………………………… 129

第8章　从事后应急到事前合规………………………………………… 145

第9章　向金字塔式控股结构说"不"………………………………… 163

第10章　资本监管实践的认识误区…………………………………… 183

结束语……………………………………………………………………… 200

> 导 论

数字时代的资本监管：从应急监管到合规治理

数字时代资本监管的现实挑战

我们知道，18世纪60年代工业革命的兴起带来了物美价廉的产品和服务，然而，人们对与其相伴而来的工人失业和环境污染的批评，有时甚至波及工业革命的价值本身。即使在今天我们依然能不时听到这些批评之声。今天，数字时代的来临带给我们的焦虑和困惑何尝不是从刀耕火种步入现代农业社会的农民和面对工业革命冲击失业的工人所曾经同样感同身受的呢？这些困惑包括但不限于：在数字时代，对于占有信息的个人，我们应该如何界定信息的产权边界，并提供相应的私人产权保护？如何利用信息本身所具有的外部性在产权保护和造福社会之间进行很好的平衡？这里既涉及对传统产权理论的挑战，又涉及经济学外部性理论的创新。

但数字时代还是在一片争议声中向我们走来了，带着它无比神奇的力量和同样巨大的风险。如何解决中小企业、农户和普通消费者的"融资难""融资贵"问题长期困扰着金融理论界和实务界。自我成为经济学专业学生，到如今成为金融学专业的老师，三十多年过去了，然而，这一题目始终是经济金融专业领域经久不衰、被热烈讨论的议题之一。鉴于中小企业、农户和普通消费者抵押担保不足和风险性高的信用特征，很多研究者的政策建议无非是政策倾斜和政府扶持。但问题是一旦涉及政策支持，不仅会引发相关信贷提供机构的寻租设租行为，而且会加剧借款人的道德风险倾向，使这些原本从善意出发制定的优惠政策难以为继，陷入"撒玛利亚人救助的困境"。应该说，三十多年过去了，如今上述困境依然在困扰着相关政策的制定者以及像我这样的实践观察者和理论研究者。

而以蚂蚁集团（以下简称"蚂蚁"）为代表的金融科技公司提供的新业态金融服务极大地降低了信贷业务的门槛，也解决了困扰很多急需资金支持的中小企业、农户和普通消费者的贷款获得性问题，使金融具有了某种意义上的"普惠性"。截至 2020 年 6 月末，蚂蚁促成的小微经营者信贷余额为 4 217 亿元，可见它已是中国最大的线上小微经营者信贷平台。而借贷给小微经营者无疑是金融对实体经济的直接支持。这在一定程度上意味着以蚂蚁为首的一些金融科技公司在实践中逐步探索出了如何解决长期困扰中国金融理论界与实务界的中小企业"融资难"的问题。

数字时代金融科技的发展无疑是对传统金融的一次重要革命。一方面，基于银行业务的传统金融依赖抵押担保开展"防患于未然"式的借贷活动，依靠向央行缴纳资本准备金、提高资本充足率来防范系统性金融风险；另一方面，其日常信贷业务中依然充满繁琐的审批程序和寻租设租活动。而按照 2020 年《经济学人》的报道，蚂蚁的信用风险模型包含了三千多个变量，其自动化系统可在三分钟内决定是否发放贷款，效率大大提高。

但数字时代互联网金融带给我们的风险同样触目惊心。2007 年中国第一家 P2P（点对点）网络借贷平台拍拍贷的成立标志着互联网金融在中国的兴起。应该说，互联网金融最初登陆中国时戴着三顶"炫目的花冠"。其一是数字时代的金融创新。一些研究者指出，P2P 等模式的互联网金融作为现代信息技术进步的产物，依托于移动支付、社交网络、云计算等工具，为传统的金融服务形式带来了巨大的改变，对人类金融模式产生了颠覆性的影响。其二是普惠金融。P2P 网络借贷平台由于门槛低、方便快捷的特点，被一些研究者认为能为中小企业提供了更多的资金支持，一定程度上有助于解决长期困扰中国中小企业和家庭的"融资难""融资贵"的问题。其三是家庭财富管理工具。互联网金融为投资者提供了多样化的投资方式，能够满足不同家庭的投资需求，提供多样化的金融服务，帮助千家万户更好地实现家庭财富管理。那时，无数人对互联网金融在中国的发展寄予厚望。

"网贷之家"的统计数据显示，在互联网金融登陆中国十年之后（2017年），我国P2P网络借贷行业的成交额已达到28 048.49亿元。面对巨大的人才需求缺口，一些高校纷纷设置互联网金融专业，组织教师编写互联网金融的相关教材。我所任职的中国人民大学财政金融学院就是最早的践行者之一。

针对愈演愈烈的问题平台和平台"跑路"事件，2016年10月，国务院办公厅发布了《互联网金融风险专项整治工作实施方案》。从2020年年中开始，重庆等20余省（市）相继宣布全部取缔辖区内网贷业务，到2020年年底，P2P平台已全部退出经营。喧嚣一时的互联网金融像昙花一样，很快从绚丽走向衰败。

一方面，数字时代的来临带来的业务模式创新对资本监管提出空前挑战；另一方面，虽然我们已经进入数字时代，但资本监管理论和实践更多停留在对传统产业总结的基础上。尽管我国资本市场三十多年发展取得的成就举世瞩目，但我国金融体系仍然以银行主导融资实现的事实依然没有改变。受上述事实的局限，我国为数众多的金融从业者和理论工作者对于现代金融体系风险控制的理解很大程度上仍然停留在银行债务融资语境下的风险管理理念。例如，银行在具体开展融资业务时，更多强调抵押担保；对于提供债务融资的银行的风险控制，更多强调准备金；在监管实践中，以事先的准入限制、金融从业牌照审核为主。这些背后体现的是宏观审慎管理的监管理念，目的是防范系统性金融风险。

每当新一届中国证券监督管理委员会（以下简称"证监会"）主席上任，总会有一些媒体和公众发问：为什么我国证监会主席主要从商业银行行长中产生，而不是从投资银行行长中产生？中国政法大学刘纪鹏教授对此一针见血地指出：中国金融一直没有把资本金融与货币金融区分开来。而在刘教授看来，货币金融与资本金融的差距就"如同大米和小麦，尽管它们都是主食"。

在中国资本监管理论界和实务界中处于指导地位的仍然是"大金融"的外衣和包装下的宏观经济学。由此，宏观经济学中的凯恩斯主义堂而皇之地进入了原本强调企业这一市场主体在"看不见的手"的引导下自发进行资源配置的这一典型市场行为中。

在一定程度上，我们可以把上述"大金融"研究传统视为是西方新古典综合派思潮与中国计划经济实践相结合的产物。20世纪五六十年代，以保罗·A. 萨缪尔森（Paul A. Samuelson）等为代表的新古典综合派试图建立统一的新古典经济学分析框架。但萨缪尔森等所期待的"大经济学"这一梦想逐渐被微观经济学和宏观经济学分道扬镳、渐行渐远的无情事实所打破。我们知道，宏观经济学的逻辑出发点是市场失灵，其直接政策主张是政府用"看得见的手"对经济进行短期干预。原因是，在宏观经济学的鼻祖约翰·M. 凯恩斯（John M. Keynes）看来，"从长期看，我们都将死去"，而"我死之后哪管身后洪水滔天"。不同于宏观经济学，微观经济学信奉的是亚当·斯密（Adam Smith）的"看不见的手"理论。微观经济学家强调，追求利润最大化的企业，在完全竞争的市场条件下，将实现帕累托最优（一般均衡理论）。因而政府仅仅是防火防盗的"守夜人"，只有在火灾盗抢发生后才能派上用场。

事实上，在上述西方新古典综合派思潮下发展起来的"大金融"面临着与"大经济学"同样的发展困境。传统上，货币金融学关注的是政府（央行）的货币发行和货币政策制定，以实现宏观经济运行的平稳为目标；而公司金融和资产定价则围绕企业和居民个人的投融资活动展开分析，以实现企业价值最大化和居民个人的财富（效用）最大化为决策目标。

随着对金融活动理解的深入，越来越多的研究者意识到不能像经典理论一样把资金流动理解为一个从资本到更多资本（$G \rightarrow G'$）的单纯货币现象，其原因是任何金融活动都离不开提出金融需求的企业和居民个人这一市场载体。而现实中的企业恰恰是在一个个盈利动机明确的企业家不断试错的过程中逐步形成的。由于具有明确盈利动机、风险识别能力和责任承担能力的企业家在市场经济中不可或缺和难以替代的地位，企业和居民个人（而非政府）成为开展金融活动和金融创新的主体。虽然政府看起来可以与计划相联系，但政府官员既不像企业家一样具有明确的盈利动机、风险识别能力，又不具有实质的责任承担能力，因而并不应该成为金融活动与金融创新的主体。

让我们想象，如果在次贷危机爆发前，美国政府一些官员并不简单凭借金融政策来迎合居民住房的需求，那么还会出现局面一度不可收拾的全球金融风暴吗？因此，在未来的金融政策制定上，我们应该更加关注企业家围绕经营活动权衡收益风险和成本的融资决策所反映的真实金融需求，而不是为了金融化而金融化。做到了这些自然就可以做到我们当前经济发展中特别强调的"脱虚向实"。

在数字时代的来临对资本监管提出空前挑战这一客观事实和我国资本监管理念仍然停留在银行监管理念这一现实状况的交织之下，我国公众公司的监管实践出现了一种所谓"事后应急"监管模式。其突出特征表现在以下几个方面。

其一，主管上市审核监管业务的证券监管当局一直处于被动地位，被拟上市企业甚至其他政府部门所裹挟。由于外部监管环境的变化，2020年11月拟在A股科创板和港交所"同步上市"，并且有望成为全球规模最大首次公开募股（Initial Public Offering, IPO）的蚂蚁"暂停上市"。此后，蚂蚁启动了1 000万人参与认购的战略配售基金的退款。

其二，各类监管机构各自为政，监管政策政出多门，缺乏与证券业务主管部门的充分沟通与有效协调。例如，对滴滴出行（以下简称"滴滴"）的网络安全审查是由网络信息管理机构发起的；对阿里巴巴（以下简称"阿里"）平台反垄断的审查是由市场监管机构发起的；而影响中概股中的教育股股价的"双减"政策是由教育行政主管部门实施的。

上述监管政策的出台都有其现实背景及合理性,但由于是"事后应急"监管,其负面作用是为正在蓬勃发展的新经济企业带来了不确定性。如果我们的相关监管机构能够从"事后应急"监管走向事前合规监管,也许那些在境外发行股票的企业面临的上市政策评估风险就会小一些,境外投资者蒙受股价波动损失,进而发起集体诉讼的可能性就会低一些,新经济企业的发展也会更加平稳有序。

事实上,"事后应急"监管损害的不仅仅是拟上市和已经上市的公众公司正常的经营,以及其管理团队和股东的利益,从长期看,也将损害监管当局的政策权威性和监管程序的严肃性。因此,本书试图呼吁和主张的一个重要观点是:围绕上市业务的监管,我们要从证券监管机构被动裹挟、政出多门的"事后应急"监管,逐步走向相关政策审查纳入证券监管机构主导的上市流程的事前合规监管。

我们高兴地看到,面对中概股、港股和 A 股 2022 年开春出现的新一轮波动,金融稳定发展委员会已经提出,重大监管政策出台需要与证券监管机构事先协调,认真评估相关监管政策可能对资本市场的影响。

数字时代资本监管"合规治理"理念的两层含义

本书的一个历史使命是:构建数字时代资本监管的理念和规范。理论上,监管于市场,能够促进多方参与制定共同遵守的规则,营造公平竞争的氛围;于企业,能够鼓励企业形成多方相互制衡的治理构架,实现各方持久稳定的合作共赢。如果说监管营造治理的外部宏观环境,那么治理就是监管的微观基础凭借。二者相辅相成,密不可分。

如果把本书强调和主张的数字时代资本监管的理念和规范概括为一句话,那就是,进入数字时代,我们要逐步摆脱审慎监管等宏观经济的资本监管理念,转而强调调动市场主体通过合规治理参与市场自发秩序维护的公平资本市场环境的营造。

这里所谓的"合规治理"有两层含义。第一层含义是"治理",强调出于盈利动机的市场主体(企业)通过自觉治理和约束行为形成对自发市场秩序的维护。通俗地说,就是要利用市场主体(企业)现有的公司治理构架实现投资者权益保护这一资本市场发展繁荣的根本"秘诀"。

在传统银行监管思维下,融资实现忽视了金融市场最重要的元素——信任,围绕融资实现的制度设计更多流于事前的防患于未然,而非基于双方信任实现合作共赢。而现代资本监管的治理思维应该具有以下特点。其一,通过激励相容的制度设计,让提供资金的提供者和负责资本经营的管理者成为利益共同体,共同为可能做出的错误决策承担事后责任。这些激励相容的制度设计包括目前很多公司越来越频繁使用的经理人股权激励计划等。其二,在结成利益共同体的基础上强调专业化分工,最终基于经理人职业化和资本社会化实现合作共赢。在上述治理思维下,风险控制成为每一家企业自己首先需要做好的事,资本监管更多是依赖市场竞争自发调节来实现。如果对传统的银行监管思维和现代的治理思维作一个简单形象的类比,那么我们可以看到,前者强调的是"不见兔子(抵押贷款)不撒鹰(提供贷款)",而后者强调的是,"你就是鹰,让鹰主动去寻找兔子"。

而在目前的资本监管实践中,监管机构的强势使得市场主体在治理方面很大程度上依赖监管机构的外在监督和检查,在不同程度上患上"治理监管依赖症"。这集中体现在:一些上市公司的公司治理不是依靠股东和董事利用股东大会、董事会等现有的治理构架主动作为,而是在外部监管的监督检查下消极被动应对。需要说明的是,微观主体内部治理的式微看似外部监管需要加强的一个现实理由,但外部监管出现的加强趋势反过来进一步弱化了原本势单力薄的市场主体的内部治理力量,一定程度上加速了市场主体内部治理缺失和治理监管依赖局面的出现。而当一些市场主体与监管腐败联系在一起时,内部治理缺失和治理监管依赖的治理构架的最后一道大堤就此坍塌。

与存在职业依附的内部董事相比,我们看到,来自外部、兼职性质和更加注重职业声誉的独立董事(以下简称"独董")挑战董事会决议的成本更低,更有可能就损害股东利益的议案出具否定意见,真正履行董事会的监督职能。因此,在我国 A 股资本市场,尽管独董不是"万能"的,但没有独董也许也是"万万不能"的。

除了来自内部的包括股权制衡、股东大会、董事会(包括独董)等内部治理机制所发挥的治理作用,本书强调,未来资本监管的合规治理要特别注重来自外部的市场治理力量。在我看来,这种力量主要来自以下三个方面。

其一是盈利动机明确的各种中介机构。其中包括协助上市的保荐机构和协助内控的会计审计机构。监管当局的使命是通过制定透明的规则引导这些盈利动机明确的中介机构通过建立长期声誉实现持久盈利。这些市场中介机构在建立长期声誉、实现持久盈利的主观动机之下,客观上将扮演资本市场"看门人"的角色,把好上市公司的财务质量关,帮助投资者增加投资的安全感。

其二是各种出于盈利动机的做空机构和股东投票代理机构。此前,美国打击肆意做空的做空机构引起了很多国内研究者的关注。在我看来,如果说美国的问题是做空机构畸形发展,扰乱正常的市场秩序,那么中国的问题则是几乎没有做空机制,缺乏这样一种十分重要的上市公司外部治理监督力量。我们知道,瑞幸咖啡的财务造假不是首先由负有监督职责的董事会(包括外部董事)以及该公司所聘请的独立审计机构发现的,而是由仅仅希望通过做空从中牟利的做空机构浑水公司发现的。

中国同样缺乏股东投票代理机构。既然很多投资者无暇或无力监督上市公司,那么为什么不把手中的投票权委托给专业机构,由它们基于专业的判断代理投票呢?因此,引入和培育这些做空机构和股东投票代理机构将成为未来监管当局十分艰巨而紧迫的任务。

其三是主要交易所之间的竞争。鼓励监管当局还原交易所的企业属性,使其回归到市场交易服务提供者的功能定位，围绕如何提供高质量的股票交易服务开展有序竞争。交易所本质上就是一个提供交易服务的企业，上市公司可以选择那些上市速度快、融资成本低、退出便捷容易的市场上市交易。

从2019年开始，我国资本市场推出上市制度的注册制改革。注册制改革的核心其实就是让市场成为决定企业成败的关键力量，代替人力、物力投入有限，却往往事倍功半的监管当局的事前审核。如果一家企业赢得资本市场的认同，那么它不仅可以上市，而且可以获得投资者向其支付的高溢价。这与四十多年来我国进行的市场导向的经济转型，强调市场在资源配置中起决定性作用的改革方向是一致的。

"合规治理"的第二层含义是"合规"，强调透明的监管规则使资本市场和投资者形成稳定的预期，通过事前透明以及必要的政策缓冲区避免监管政策带来的不确定性。

一些研究者热衷于讨论中国资本市场应该按照英美模式，还是日德模式，甚至"第三种模式"发展。对此，哈佛大学安德鲁·施莱弗（Andrei Shleifer）教授和他的研究团队在二十多年前就深刻地指出，在英美模式和日德模式差异的背后是基于各国法律传统和法律渊源形成的对投资者权益保护的差异。法律对投资者权益保护的差异才是各国选择不同的治理模式和各国金融发展水平不同的根本原因。如果希望促进一国金融发展，我们需要做的，也许不是刻意模仿日德模式或英美模式，甚至去寻找"第三种模式"，而是要加强和完善法律对投资者权益的保护。一个投资者权益受到充分保护，投资者心甘情愿、毫无顾虑投入真金白银的资本市场没有理由发展不起来。上述观点就是在对金融领域产生深刻影响的"法与金融"研究中得出的。

关于"合规治理"的第二层含义"合规"，本书强调，让法治的力量成为未来中国资本市场健康发展的主导力量。

如果说法治的力量在中国资本市场过去三十多年的发展历程中还显得

十分弱小，那么，2021年11月发生的康美药业集体诉讼案使我们有幸感受到它的强大威力和巨大潜力。财务造假原本是资本市场的"毒瘤"，在任何资本市场的任何发展阶段都将遭到最严厉的打击。对2001年郑州百文股份有限公司（以下简称"郑百文"）财务造假的打击是以监管处罚的方式进行的，时任郑百文独董的陆某豪受到十万元的监管处罚。但对郑百文的监管处罚似乎没有影响很多人对独董"投入少、责任小、收益大"的判断，对独董一职依然趋之若鹜。这一现象直到康美药业案中独董承担连带责任后才有了根本的改观。康美药业案引发我国A股资本市场关于独董的连锁反应：独董辞职的公告有之；谴责独董辞职的公告有之；督促上市公司"尽快发布独董辞职公告"的公告亦有之。该案后独董的辞职比例上升了将近3倍，独董一时之间成为一项"高危职业"，人人避之唯恐不及。康美药业案由此标志着我国包括独董制度在内的资本市场制度建设从以往的监管推进变为目前的法治驱动。

如果我们能够意识到法治的力量，让法治成为中国资本市场制度建设的主导力量，以中小股东主动发起诉讼的民事赔偿来补充，甚至代替目前的监管处罚，也许对资本市场发展至关重要的投资者权益保护会做得更好，中国资本市场的发展也会更好。

未来监管当局需要做的，也许只是通过降低集体诉讼门槛，让小股东发起的集体诉讼这一法治力量成为包括打击财务造假在内的资本市场制度建设的主导力量；通过引入和培育做空机构和股东投票代理机构，让这些主观"唯利是图"的市场机构客观上在做监督财务造假和完善公司治理的行为；通过制定共同执行的交易规则，引导主要的证券交易所在提供高质量的交易服务上开展有序竞争，不断推动资本市场的服务水平的提升。

本书之所以强调数字时代的资本监管应该从"事后应急"监管走向事前合规治理，一个很重要的观察来源于在无意识的市场"海洋"中，金融创新和金融活动的主体始终应该是有意识的企业。作为数字时代资本监管重要要素的基于技术的金融创新或基于金融的技术创新是有意识的企业在追求利润最大化过程中于无意识的市场"海洋"中自发实现的。

现实中的企业是在一个个盈利动机明确的企业家不断试错的过程中逐步形成的。由于看似有意识的企业"岛屿"最终是否能够生存，需要经过无意识的市场"海洋"的检验，企业家需要具备明确的盈利动机、风险识别能力和责任承担能力。企业家在市场中的地位不可替代的一个明证是，伴随着传统企业规模的扩大，新兴企业的生命周期却呈现缩短的趋势。其内在原因即在于，传统企业规模扩大依赖信息技术的发展和计划性的提高是可以做到的，因为数字经济的发达会使企业日常经营管理决策变得更加科学有效；但新兴产业的发展则必须依赖同时具有明确盈利动机、风险识别能力和责任承担能力的企业家，而大数据的出现显然无法代替企业家的上述功能。

数字时代的资本监管应该从"事后应急"监管走向事前合规治理，另一个重要的观察来源于数字时代的来临虽然可以降低市场存在的信息不对称，但无法成为市场经济制度的基本信息交换功能的替代，更无法成为市场经济制度本身的替代。在反思 2008 年爆发的全球金融危机的思潮中，奥地利学派由于对市场内在机制的深刻认识而重新获得学术界的认同和重视。在奥地利学派看来，市场并非引起信息不对称，进而成为政府干预经济理由的"市场失灵"的原因。不仅如此，由于市场的存在一定程度上降低了不同个体或组织之间的信息不对称，因而市场反而成为解决信息不对称的重要手段。例如，需要外部融资的企业和进行储蓄的储户之间的信息不对称催生了金融中介服务的市场需求，而金融中介组织的存在反过来降低了资金供需双方的信息不对称；而当金融中介组织的运行效率不能有效满足金融市场对金融中介服务的质量要求时，包括支付宝在内的各种新的促使交易成本降低的支付手段应运而生，成为金融中介服务的新生力量。我们看到，正是市场价格机制这只"看不见的手"自动调节供求，实现不同个体或组织之间的产品交换和信息交流，使得社会化大生产持续推进，最终带来市场中每个个体的福利改善。

大数据的出现无疑将改善市场"降低信息不对称"的功能，从而使日常经营管理决策变得更加科学有效。但由于其并不能构成具有明确盈利动机、风险识别能力和责任承担能力的企业家功能的实质性替代，因而大数据不会必然推动技术创新，进而推动制度创新。对于这一问题，亨利·福特（Henry Ford）很早就说过，如果利用市场调查（当时的大数据）来研发生产你的产品，很多调查者更希望看到的是"更好的马车"，而不会想到"汽车"。原因是作为交通运输领域技术革命标志的蒸汽火车和汽车并非牛车和马车等传统运输行业基于大数据预测和创新的，而是来自看起来与传统运输行业没有关系的纺织行业。如今进入千家万户、很多人须臾不离的微信同样不是由通信科技的传统企业基于大数据预测和创新的，而是来自最早从事计算机系统研发的腾讯；甚至被称为支付业务领域的一场革命的支付宝同样也不是由开展传统支付业务的企业基于大数据预测和创新的，而是来自作为电商平台的阿里。

出于同样的逻辑，即使有大数据的助力，中央计划者的计划或政府相关产业政策制定也同样无法替代市场制度环境中具有明确盈利动机、风险识别能力和责任承担能力的企业家，因此，看上去很美的"大数据助力计划经济"论并不像消费者能确实感受到的网上购物和虚拟货币结算那样真实靠谱。面对激烈的市场竞争，新兴产业的发展仍然必须依赖具有明确盈利动机的企业家来识别风险、承担责任。企业家在过去和现在都是市场环境下十分稀缺的资源，因而需要通过现代产权保护制度的建立和完善来大力培育他们的企业家精神。因此，对待数字经济的正确态度是：一方面，我们应该重视其对金融创新、社会进步的巨大推动作用；另一方面，我们需要清醒地意识到，数字经济并不会成为政府计划和产业政策制定的合理凭借，更不会成为市场经济基础制度的替代。

数字时代资本监管的规范

数字时代资本监管规范的形成无疑得益于监管实践的经验和教训总结。基于对数字时代我国资本监管实践的观察,本书尝试提出数字时代资本监管的以下规范。

第一,避免"事后应急"监管。

与硬约束的债务融资相比,研发的不确定性决定了高科技企业更偏好权益融资。面对我国资本市场审核制导致的上市"堰塞湖",很多急需外部资金支持的高科技和电商企业选择海外上市。应该说,早期BATJ(百度、阿里、腾讯、京东)的发展得益于国际资本市场的助力。但近年来,出于防止资本无序发展,或者保障信息安全,或者防止平台垄断的目的,各类监管机构对这些企业发起一轮又一轮的监管。其实,政府做减法可能远比做加法对增强经济活力更有效。

第二,避免把资本市场当作政策工具。

2018年,《中共中央 国务院关于学前教育深化改革规范发展的若干意见》提出民办(幼儿)园一律不准单独或作为一部分资产打包上市,上市公司不得通过股票市场融资投资营利性幼儿园,不得通过发行股份或支付现金等方式购买营利性幼儿园资产。上述文件出台的缘起是在美上市的红黄蓝曾发生的虐童事件,其初衷是遏制过度逐利行为,规范幼儿园质量管理。此消息一出,包括红黄蓝、博实乐等在内的幼儿园教育相关中概股的股价暴跌。

我们知道,资本市场只是筹集资本的要素市场之一,是投融资双方意愿一致的反映,只要交易真实合法,政府就应该鼓励,而应避免把资本市场当作政策工具。对于幼儿园服务质量提高等问题,我们应该从产权控制(所谓"公立或私立")、行政监管(所谓"限制上市")等思维中跳出来,回到加强政府对服务质量的监管和法律环境的改善这一根本途径上来。我们不仅要看到私立幼儿园"逐利"贪婪的一面，更要看到在明确"逐利"动机驱使下，私立幼儿园弥补公立幼儿园供给不足的市场发现的"企业家精神"一面。

第三，避免用国家特殊管理股的股权设置代替正常的规范监管。

从2017年开始，我国在两家互联网媒体初创公司进行"国家特殊管理股"制度的试点工作。互联网监管部门和人民网持有移动新闻平台一点资讯和北京铁血科技股份公司不到2%的股份。作为交换，监管部门和人民网可任命一位政府官员为公司董事会成员，并对公司运营拥有话语权。上述举措的出发点是用看起来更加符合市场原则的现代公司治理构架来履行监管职能，来代替那些看上去显得呆板生硬、缺乏效率的传统监管举措。

但由于一些举措违反了股权架构设计应该遵循的基本原则，我对国家特殊管理股的股权设置的一个担心是：这些举措反而会混淆了监管职责履行和股权行使的边界，容易导致监管的越位、错位和缺位。例如，一些省试图通过国有煤矿对民营煤矿的并购来解决煤矿安全生产问题。把安全生产的监管责任从政府转嫁给国企，直接导致了监管的错位；混淆市场中"球员"与"裁判"的角色，对其他市场参与者形成不公平竞争，导致了监管的越位；而这些整合后的煤矿并没有从根本上解决安全生产问题，导致真正的监管缺位。上述通过产权控制实现监管目的的强制性并购行为反而使这些国有煤矿"消化不良"，直接导致了部分企业经营的困难。

因此，监管不是通过股权设计将责任转嫁或强加给企业的问题，而是如何改善监管效力的问题。有效监管政策的制定实施需要来自事前监管规则的透明、事中监督程序的公正和事后监管惩罚的严厉三个方面。未来也许可以通过制定相关传媒的法律和法规明确提出统一的监管标准，做到事前监管规则的透明。事中监督程序的公正则涉及三个方面。其一是监督对象和媒体公众对监督信息的知情权；其二是监管人员依照相关法律法规独立开展监管，避免权力干扰；其三是对监管过程中腐败行为的严惩。除了法治建设，事中的监督还可以借助媒体曝光和社会监督来实现。对于查有实据的违规企业要依据法律程序严惩不贷，以体现事后监管惩罚的严厉。只有将涉事的企业和个人"罚得倾家荡产"，往往才会对其他企业或个人形成强大的威慑。而确保法律程序和司法裁决的公正透明，在当下中国仍然任重而道远。

第四，对于风险控制和防范，能够通过事后惩戒而加以控制的风险就不要在事前通过准入限制和设置各种条条框框加以限制，企业自己能够控制的风险就不要再强加外部监管。

风险如果能够完全被消灭就不叫风险。我注意到，蚂蚁利用大数据分析来判断每家电商和每个消费者的商业信用，辅之以黑名单制度，坏账率长期控制在较低水平。而作为对照，按照中国人民银行2020年11月6日发布的《中国金融稳定报告（2020）》，主要由传统商业银行提供融资支持的575家大型企业的融资规模为3.88万亿元，其中6 462亿元已被纳入不良资产。即使我们需要将以蚂蚁为代表的金融科技公司所提供的新业态金融服务纳入统一的金融监管框架，我们也需要更多地依赖事后的惩戒，而不是在事前通过准入限制和设置各种条条框框加以限制，以避免将重大创新扼杀在摇篮中。

2019年我国资本市场通过设立科创板完成了上市制度的重大变革尝试，从以往的审核制改为目前的注册制。其核心是由少数官员的监督转为整个市场的监督，由"严进宽出"转为"宽进严出"。通过上述转变，我们增强了监督的力量，从原来少数官员按照规章实施的事前审核转变为市场全方位全天候的监督；从以往主要防止"坏人混入资本市场"转变为"一旦发现某人是坏人，立即将其清退出去"，使有限的监管资源和监管力量集中到更有价值的监管环节。

2020年4月，瑞幸咖啡财务造假丑闻曝光。没有人去太多指责美国监管当局当初接纳瑞幸咖啡上市的行为，因为美国资本市场推行的上市制度是"宽进严出"的注册制，没有任何监管官员可以自信到事前对瑞幸咖啡的财务造假做出预判。但很多立法者和监管官员相信，市场将帮助他们最终把造假者揪出来，只是时间长短的问题。做空机构浑水公司显然在瑞幸咖啡财务造假丑闻曝光过程中扮演了重要角色。瑞幸咖啡可以在创纪录的最短时间内上市，也可以在创纪录的最短时间内退市。一个敢于公然财务造假、欺骗投资者的公司，受到的惩罚不仅来自监管当局，更大的处罚来自投资者集体诉讼的法律赔偿。在美国安然（Anron）会计丑闻中，投资者通过集体诉讼获得71.4亿美元的和解赔偿金，比美国证监会对安然的5亿美元的罚款高出十多倍。

第五，对于数字时代新生事物采取包容观察态度，避免采取简单粗暴的"一刀切"方式。

鉴于在目前阶段我们对资本监管实践的认知和理解很大程度上还是基于传统银行业务，对于金融科技公司提供的新业态金融服务缺乏系统的研究和透彻的了解，针对新业态金融服务的很多监管政策制定还处在巨大的争议之中。对能够解决融资可获得性问题（即"有和无"的问题）的新业态金融服务这一新生事物，数字时代的资本监管应采取比传统业务更加包容开放的态度，给它更多的时间来逐步解决"高和低"的问题。对于金融科技公司提供的新业态金融服务定价偏高的问题要通过引入更多的"蚂蚁"，甚至"大象"来解决。

相信很多读到这里的读者已经看出来了，本书是在我近年来围绕资本市场监管实践的观察和思考完成的众多文章（其中大部分来自我为FT中文网撰写的专栏文章）的基础上经过归纳梳理、修订取舍，最终形成的一本对数字时代资本监管思考的著作。除了导论，全书共分三篇十章。其中第一篇"数字时代的中国资本市场"回顾了中国资本市场的文化基因和制度沿革，剖析现状，直面问题，指出数字时代资本监管面临的挑战；第二篇"数字时代资本监管的基本理论问题"尝试回答数字时代资本监管绕不过去的几个基本理论问题，其中包括"数据的产权属性究竟属于谁？""大数据能成为企业家精神与市场的替代吗？""资本金融与货币金融的监管理念相同吗？""社会责任必然成为'公司的目的'吗？"；第三篇"数字时代资本监管理念的创新"提出数字时代资本监管的一些可能的理念和规范。本书尝试以此构建数字时代资本监管的理论分析与实践指导框架。

在为FT中文网撰写专栏文章时,我眼中看到的只是一个个鲜活真实的企业,但几年的观察和思考使我不知不觉中在脑海里勾勒出一幅数字时代的资本监管理念和规范的完整图画。对于这些鲜活企业的每个观察、每种思考都构成了这幅图画不可或缺的部分。

这使我想到了一句古语,"文章本天成,妙手偶得之"。多年来秉持经民济世和学以致用的理想,我的世界里没有理论与现实的绝对划分,理论只不过是分析现实问题的视角和工具,而现实则是理论提炼和升华的素材。于是,一本尝试构建数字时代资本监管的理念和规范的书就这样形成了。人生如此,何其幸焉!

对于本书的出版,我首先要感谢FT中文网冯涛编辑多年来毫无保留的信任以及与我十分默契的合作。对于资本市场近年来发生的几乎所有重要事件的评论,或者是我有感而发,或者是冯编辑直接把素材发给我,请我对相关事件背后的治理含义进行解读。这样的互相督促一方面使我保持了每个月向FT中文网供稿两篇的频率,另一方面则使我对中国资本市场发生的重大事件都有基于自己独特观察视角的解读。这对于本书最终内容的形成无疑至关重要。

其次,感谢我的研究团队的默默支持。他们是和我一起风雨无阻坚持召开组会的黄继承和胡晴两位年轻教授,我所指导的毕业后和我一样成为高校教师或研究机构研究员的雍红艳、李邈、张浩、朱光顺、刘兰欣和金天,以及蔡茂恩、杜瞻豫、许慧媛、袁浩洋、杨宇、周治西、刘新宇和李响等硕博连读的同学。很多评论文章的基础资料都是由他们帮助我认真检索的,此处的致谢远远不能涵盖他们实际的付出和贡献。

最后,还要感谢本书的策划编辑张燕女士。最初交给张编辑的书稿是一本经济评论文章的合集。她督促和鼓励我把这些文章"打乱揉碎",从中提炼出一个更加清晰的逻辑,使本书成为一本内容衔接紧凑、逻辑递进清晰的著作。开始我对于能否完成这项工作心存疑虑。但我在重新整理过程中逐步发现，本书目前的形式才是我内心真正希望呈现给读者的理想形式，张编辑的督促和鼓励推动了这一进程的最终实现。

  当然，本书提供的全新监管理念和规范只是构建数字时代资本监管理论体系和实践规范的开始。我愿意未来与读者诸君一道不断添砖加瓦，共筑数字时代资本监管的辉煌大厦。我们继续努力！

第一篇
数字时代的中国资本市场

第1章 从明清时期的现代资本市场身影到数字时代的中国资本市场

1.1 明清时期晋商商号中的现代资本市场身影

提起明清时期的晋商商号,人们自然会联想到"执中国金融业牛耳"的山西票号。作为汇兑结算等金融服务的提供者,票号无疑有着现代商业银行的身影,成为明清时期晋商商号中一道十分靓丽的风景。

在明清时期,现代商业银行的抵押贷款、工商业存贷款、货币兑换和汇兑结算功能事实上分别由当铺(或称典当行)、账庄(或称账局)、钱庄和票号四种类型的商号承担。其中,当铺既有官办,也有民办,主要业务是办理抵押贷款和资产变现;账庄主要办理工商业存贷款业务;钱庄主要办理银两和制钱之间的货币兑换、银两熔铸以及其他支付中介业务;而以"汇通天下"闻名于世的山西票号则主营异地资金的汇兑和贸易结算等业务。民国时期,由票号改组的银号除了在筹集资本上采用资本社会化程度更加广泛的股份制,在开展的相关业务中也把传统上由账庄、钱庄和票号分别经营的工商业存贷款、货币兑换和汇兑结算业务集中于一体,成为传统票号与现代商业银行的过渡形式。

其实,除了从明清时期票号上普遍能感受到的现代商业银行气息,从明清时期晋商商号的日常经营管理活动中，我们同样能或多或少察觉到现代资本市场的一些元素，尽管以健全、成熟、高效的法治体系为设立前提的现代资本市场从未在明清时期的山西出现过。

1.1.1 晋商商号的资本来源

晋商商号的资本主要来源于富庶的晋商家族的直接投资，通常以家族中的"堂"（子女成年后另立门户组成的大家族下的小的家庭单位）为持股主体。例如，山西祁县何氏家族旗下的祥云集烟庄由构成所谓"南何"的四誌（志）堂、巨木堂、三友堂、四喜堂和构成所谓"北何"的长善堂、三希堂与三合堂七家共同出资组成，分为四股，民国初期的资本为七万五千元。何氏家族在祥云集烟庄的投资入股模式是在明清时期晋商商号中较为普遍的不与外姓家族参股的典型例子。祥云集烟庄股份的退出和转让在家族内部的各个堂之间进行。历史上，在三合堂因子女吸食鸦片缘故决定中途退股后，其股份由何家其余六堂赎回。虽然作为持股主体的堂未必属于同一个辈分，但在围绕重大事项开展的股东协商中，各堂并不以辈分论尊卑，而是依据股权，"多股平等合议"，通过维护各堂自身的商业利益，最终实现维护整个家族利益的目的。

尽管不与外姓家族参股是明清时期晋商商号筹集资本的主流形式，但依然有为数不少的晋商商号选择相对开放的资本来源。它们不仅接纳来自本家族以堂为单位的资本，而且接纳外姓家族的资本。例如，山西祁县渠氏家族的渠源祯除了独资创办三晋源票号，还与渠晋贤以及贾令镇的张祖绳合资，将原来的布庄改组为存义公票号。

明清时期晋商商号中持续经营时间最长、社会影响最大的著名旅蒙晋商商号大盛魁则是典型的不同家族共同合资经营成功的例子。王家来自太古，而史家和张家则来自祁县。按照大盛魁万金账的记录，王家持有一点五俸（股），张家和史家各持有一俸（股）。无论一个商号的资本金来自同一家族内部的各堂，还是不同姓氏的家族，各方都将严格地按照在万金账中记录的股权在账期（3—4年）结束时参与分红。至于分红后所得红利如何在家族内或堂内分配，则是家族内部的事务。

除了东家办商号出资的"银股"，享有被称为"顶生意"的"（顶）身股"的总号（分号）掌柜和部分资深伙计也可以参与账期结束的分红，但却不负亏赔。由于没有健全成熟的法治体系保护，现代资本市场和资本社会化无法衍生出有限责任制度，我们看到，明清时期晋商商号在投资组织形式上采用的模式用今天的法律术语讲是无限合伙制。不同于现代股份有限公司股东仅仅以出资额为限承担有限责任，明清晋商商号背后的晋商家族承担的是无限连带责任。在明清时期，商号经营失败而导致东家倾家荡产的例子比比皆是。

1.1.2 晋商商号的资本结构

在晋商各种类型的商号中看起来存在定位为"为工商业存贷款业务提供服务"的账庄，但借钱的事往往只有在某家票号出现倒账或商号严重亏空时才会发生，围绕周转资金开展短期借贷业务在各商号之间并不流行。否则，"执中国金融业牛耳"的也许就不是提供汇兑结算业务的票号，而是工商企业维持正常经营须臾不可离开的提供周转资金贷款的账庄了。其中很重要的原因是深受儒家文化影响，"爱惜颜面"的晋商往往羞于向同行启齿"借钱"。但为了应对短期资金周转的需要，聪明的晋商还是在经营实践中发明了变通的方法，从而形成了类似于现代工商企业选择的所谓"资本结构"。

我们以由大盛魁独资开办的大玉川茶庄为例。创立时除了十万两白银的资本，大盛魁还同时向其提供了十万两白银作为周转资金贷款，从而形成看似50%为权益、50%为债务的资本结构。前者作为本金，不计利息，但在此基础上形成的股权成为账期结束后参与分红的凭证；而后者则是为茶叶季节性采购垫支而由大盛魁向大玉川茶庄提供的周转资金性质的贷款，大玉川茶庄需要按一定年利率向大盛魁支付利息。

这种由东家或控股母公司变相向子公司提供周转资金贷款的例子在晋商商号日常经营中并不罕见。只不过这类周转资金贷款是否计息以及具体称谓，在不同的商号中并不完全相同。例如，山西祁县荣仁堡郭逢源与祁县县城的张廷将合资把茶庄改组为合盛元票号后，除了注入分为十俸的6万两白银资本，还同时提供被称为"统事"的周转资金贷款6万两白银。同样出于开展票号汇兑业务时垫支资金的现实需要，大盛魁旗下的裕盛魁钱庄在改组为大盛川票号时，大盛魁除了提供分为十俸的十万两白银资本，还同时提供被称为"护本"的周转资金贷款十万两白银。护本，顾名思义，目的是维护本金的安全，因而并不需要支付额外的利息。

尽管明清时期晋商商号并没有像今天的工商企业一样，借助成熟的资本市场，灵活应用各种金融工具，以形成符合自身经营特征的资本结构，但在东家或控股母公司的支持下，以"统事""护本"等名义，这些商号获得了类似于今天的（有息或无息）周转资金贷款，从而形成相对稳定的资本结构。我们认为这同样是很多明清时期的晋商商号能够长期稳定经营的重要原因之一。只不过与现代工商企业的资本结构选择不同的是：现代工商企业的债务资本来自银行的贷款或债券的发行，需要支付固定的利息；晋商商号的债务资本则来自东家或控股母公司的有偿或无偿贷款。

1.1.3　晋商商号股权控制的金字塔结构

母公司通过所控股的子公司，控股孙公司，从而形成所谓的金字塔式控股链条，很多读者可能想当然地认为这是现代资本市场高度发达的产物。然而，在明清时期的晋商商号中，其实我们不时会看到金字塔式控股链条的影子。一个典型例子同样来自著名旅蒙晋商商号大盛魁。我们知道，大盛魁是由持有一点五俸的王家和各持一俸的史、张两家共同出资创办。由于建立了类似于今天投票权配置权重向企业家倾斜的"同股不同权"构架的"万金账制度"，大盛魁的"东伙分离"比其他晋商商号走得更远。由"顶生意"的各种分号掌柜和资深伙计组成的"董事会"在日常决策中具有更大的影响力。这使得大盛魁商号掌柜所控制的"董事会"不仅负责大盛魁的经营管理决策，而且负责以往通常由东家负责的投资决策。为了垄断蒙古地区和俄国的茶叶生意，除独资开办经营在蒙古地区驰名的"三玉川"商标砖茶的大玉川商号外，大盛魁进一步独资设立同样经营茶叶的巨盛川。这样，如果我们把王、史、张三家视为处于金字塔塔尖的最终所有者，大盛魁可被视为其控股的母公司，而大玉川和巨盛川等则可被视为大盛魁控股的子公司。大盛魁由此形成了至少三级的金字塔式控股结构，构建了庞大的商业帝国和金融帝国。

通过形成金字塔式控股结构，除加强大盛魁在茶叶贸易中的垄断地位、提高与其他晋商商号竞争力这一经营战略得以实现外，在金字塔式控股结构基础上构建的金融帝国还在大盛魁旗下各个商号之间形成了稳定的内部资本市场，由此实现了资金的内部融通，可以在第一时间做到"一方有难，八方支援"，增强了大盛魁抵御外部风险的能力。

1.1.4 晋商商号的资产重组和业务调整

在明清时期的晋商发展史上，不乏资产重组和业务调整的例子。只不过由于没有外部成熟资本市场的助力，上述业务开展更多地取决于东家或东家信任的掌柜的魄力和胆识。很多成功转型的例子成为流传至今的晋商商号传奇。其中最著名的是从颜料庄改组为近代山西第一家从事汇兑业务的票号——日升昌。从日升昌第一家票号开始，读者不难发现，明清时期晋商很多著名的票号都不是从创立时就从事票号业务，而往往是从茶庄、布庄等经过资产重组和业务调整而来。例如，在日本和朝鲜曾设立分号开展国际汇兑业务，成为第一家跻身国际金融市场的票号——合盛元就是由祁县荣仁堡郭逢源与祁县县城的张廷将合资由茶庄改组而成的。渠氏家族旗下著名的长盛川票号则是由渠源潮将长源川茶庄改组而成的，而渠氏家族旗下另一家著名的票号存义公则是由渠源祯伙同渠晋贤与张祖绳将原来的存义公布庄改组而成的。

至于资产重组的原因，不外乎传统业务遭遇外部冲击无以为继，面临严峻挑战，通过资产重组将挑战转化为新的发展机遇。清末咸丰年间发生的太平天国运动一度使晋商开辟的从福建武夷山到俄国恰克图的万里茶路中断。一些经营茶叶的商号开始在湖南、湖北一带买山种茶，开发新的茶产品。例如，何氏家族旗下的永聚祥茶庄在湖南购买了两座茶山，设计开发出诸如千两茶、砖茶等贴有永聚祥商标的驰名茶产品，深受蒙古地区和俄国消费者的欢迎。而另一些经营茶叶的商号则开始利用以往建立的销售渠道和各地分号铺就的商业网点从经营茶叶转为经营票号。例如，乔氏家族旗下的大德兴茶庄从咸丰年间由于茶路阻断开始改营票号，到光绪年间又进一步改组为后来成为乔氏商业帝国旗舰的大德通票号。在极盛时期，资本仅为三十五万两白银的大德通票号资本加存款达七八百万两白银，营业额达一千万两白银以上，成为晋商票号中独占鳌头的顶级票号。

在晋商商号的资产重组和业务调整中既有类似于乔氏家族旗下的大德兴从茶庄改为票号的例子，也有从提供金融服务的钱庄改回到经营茶叶的茶庄的例子。例如，由乔氏德兴堂与在中堂合资，后归在中堂独资的亿中恒钱庄在20世纪20年代面对外资现代商业银行的冲击和货币发行制度频繁的变化，后继乏力，被迫改为经营茶叶，重新回到这一乔家当年起家的老本行。

我们看到，上述资本结构选择、金字塔式控股结构以及资产重组等只是我们从明清时期晋商商号中看到的部分现代资本市场的身影。由于以往对晋商的观察和研究往往采用以家族为单位的粗线条视角，我们很难捕捉其在商号层面存在的现代资本市场身影。如果回到明清时期企业组织的基本形态商号（票号）这一企业层面，对晋商的辉煌历史加以重新考察，我们不难从中感受到晋商商号身上所包含的现代资本市场元素。

不仅如此，按照上述调整后的研究视角，我们同样不难发现，在晋商商号500年的发展历程中，一些在现代商业实践中才会出现的诸如联合经营等经营理念其实在晋商商号的经营实践中已经应用得十分成熟。例如，山西祁县何氏家族旗下的祥云集烟庄生产的祥云烟，通过著名旅蒙晋商商号大盛魁在蒙古地区利用放印票账（由当地官方提供担保的类似于赊销的商业信用）和"货房子"等流动经营形式所建立的销售渠道销往千万个蒙古家庭。双方的合作成为明清时期晋商商号联合经营的典范。而在内部管理制度上，晋商商号很早就采用了今天很多大型公司普遍使用的总部之下设分公司的总号和分号制，构建了基于四通八达的商业经营网点的庞大商业帝国。例如，总号设在祁县城内东大街的何氏家族旗下祥云集烟庄，在山西著名烟草生产基地曲沃县席村设有负责生产的烟坊，通过设在张家口、绥远（今包头）、天津等地的分号完成烟的销售和出口。

在明清时期众多晋商商号中，大盛魁无疑是佼佼者中的佼佼者。之所以如此，在很大程度上是因为大盛魁在商业经营实践中有意或无意地遵循和契合了现代商业发展的逻辑。例如，相比于其他在家族内部合资的晋商商号，大盛魁从创办开始，资本就来自王、史、张三家，避免与单一家族的兴衰成败联系在一起，通过资本多元化分散了风险；而金字塔式控股结构所形成的金融帝国无疑构成内部的资本市场，在大盛魁旗下的商号之间实现资金的内部融通，增加了大盛魁抵御外部风险的能力；基于万金账制度形成的"东伙分离"使大盛魁的经营权与所有权形成了有效分离；"顶生意"的身股实现的现代员工持股计划形成了对掌柜和伙计的充分激励。在上述诸多因素的共同作用下，大盛魁成为明清时期晋商商号的翘楚。据说在鼎盛时期，大盛魁可以用五十两一锭的白银从库伦（今蒙古首都乌兰巴托）一直铺到北京，可谓"富可敌国"。

1.2 步入"而立之年"的中国资本市场

从20世纪90年代初建立起，我国资本市场已在不知不觉中走过三十余年，步入所谓的"而立之年"。也许我们可以从以下三个视角来理解步入"而立之年"的中国资本市场。

第一个视角是我国资本市场从 2015 年开始进入分散股权时代。随着股权分置改革于 2007 年完成,股票实现全流通,无论是国资还是民资背景的大股东都开始减持所持有的控制性股份,我国资本市场开始出现明显的股权分散趋势。华润减持万科的股份和北方工业减持南玻 A 的股份是来自国有控股上市公司的例子,而梅雁发展减持梅雁吉祥的股份则是来自民资控股上市公司的例子。这种减持状况一直持续到 2015 年,我国上市公司第一大股东平均持股比例首次低于标志相对控股地位的一票否决权的 33% 左右。梅雁吉祥的第一大股东持股比例一度低于 0.5%,梅雁吉祥也成为"A 股股权结构最分散的公司"之一。我们看到,经过 25 年的发展,到 2015 年,我国资本市场的资本社会化程度已经发生了显著的变化,开始步入"分散股权时代"。我国上市公司的股权结构从以往股权高度集中于某一控股股东手中,形成所谓的"一股独大"的局面,到目前股权普遍"分散"在不同股东手中。

那么,我国资本市场进入分散股权时代对投资者和监管当局而言意味着什么呢?也许一些读者还对 2016 年 12 月 3 日时任证监会主席怒斥险资举牌和其他兴风作浪的金融大鳄为"土豪""妖精""害人精"的故事记忆犹新。其实,随着股权结构分散趋势加强,控制权让渡的门槛将降低,并购和极端的"野蛮人撞门"也许将成为未来我国资本市场的常态。著名的万科股权之争事实上同样是在我国资本市场进入分散股权时代的背景下发生的。基于此,我们认为万科股权之争是我国资本市场进入分散股权时代的标志。

第二个视角是我国资本市场开始接纳和包容"同股不同权"构架,允许投票权的配置权重适度向创业团队倾斜,鼓励创业团队主导公司业务模式创新。

上述变化的标志是 2019 年 7 月上海证券交易所(以下简称"上交所")科创板的开板,允许发行"同股不同权"构架股票上市。我国资本市场第一只发行 AB 双重股权结构的股票优刻得已于 2019 年 9 月 27 日获审核通过,并于 2020 年 1 月在科创板上市。由于违反资本市场通常奉行的"同股同权"原则，诞生超过 100 年的"同股不同权"构架长期以来并不受理论界和实务界"待见"。最近的例子则是 2014 年阿里一度希望继续在曾经挂牌 B2B（企业对企业）的香港联合交易所（以下简称"香港联交所"）上市，但由于违反"同股同权"原则，而不得不远赴美国上市。2018 年 4 月，港交所号称完成"25 年以来最具颠覆性的上市制度改革"，其动机之一就是欢迎阿里以二次上市，甚至双重主要上市的方式实现回归。

如果说以美国为代表的成熟资本市场对"同股不同权"构架的重新认识和重视花费了近百年的时间，我国香港资本市场花费了不少于 25 年的时间，内地资本市场推出上述制度则显然快得多。这事实上与内地资本市场进入分散股权时代这一大背景下上市公司和监管当局思考如何应对"野蛮人"频繁出没的策略制定一脉相承。

那么，我国资本市场开始接纳和包容"同股不同权"构架对于投资者而言将意味着什么呢？我们会看到，未来在我国资本市场，身边越来越多的高科技企业发行的不是一类股票，而是两类股票，甚至三类股票。作为投资者，我们不仅需要思考是投资股权分散的公司，还是投资股权集中的公司，而且还需要思考是投资只发行一类股票的公司，还是投资发行两类、三类股票的公司。如何在投票权的配置权重向创业团队倾斜的可能情形下，通过开展公司治理制度设计，合理保护中小股东的权益，成为我国资本市场未来迫切需要思考的问题。

第三个视角则是与资本市场发展息息相关的国企混合所有制改革（以下简称"混改"）有关。我们知道，国企混改是我国四十多年改革开放历程的缩影，我国资本市场最初设立的主要动机之一就是为国企改制服务。

概括而言，经过一段时期的试水，我国国企混改逐步形成两个层面、两种模式的改革思路。一方面，我们需要在实体经济层面引入民资背景的战略投资者，实现所有制的混合；另一方面，我们需要在国有资产管理体系层面上，通过新设或改组国有资本投资营运公司，实现从"管企业"到

"管资本"的转变。后者是为了配合实体经济层面引入民资背景的战略投资者（以下简称"战投"）"所有制混合"的最终实现。因而上述两个层面的改革相辅相成、缺一不可。

在积极推进的国企"分类改革"中，我们逐步形成了两种典型的混改模式。一种模式是作为央企混改和基础战略性行业混改标杆的被誉为"央企混改第一股"的中国联通模式。在引入中国人寿和BATJ（百度、阿里、腾讯、京东）等战投后，原控股母公司联通集团持有中国联通的股份比例从60%下降到36.67%。由于中国联通所处的基础战略性行业的性质，联通集团依然保持对中国联通的控股地位。尽管如此，中国联通通过允许民资背景的战投BATJ超额委派董事（例如，持股比例为3%的百度委派联通董事会8名非独立董事候选人中的1名席位，占比达12.5%），实现了混改参与各方的激励相容，创造了所谓的"股权结构上国资占优，但在董事会组织中战投占优"的联通混改模式。

对于地方国企和处于非基础战略性行业的国企混改，天津北方信托模式是可借鉴的另一种模式。天津北方信托通过合计受让50.07%的股权，引入日照钢铁控股集团有限公司、上海中通瑞德投资集团有限公司、益科正润投资集团有限公司三家民营企业新股东。以微弱优势成为第一大股东的日照钢铁获得推荐董事长的权利。原来的国资背景的控股股东泰达控股在混改后成为第二大股东，未来将更多地以股东身份参与天津北方信托的公司治理。

同样，通过引入采用有限合伙架构的珠海明骏受让15%的股份，格力走完国企改制的"最后一公里"，实现了传统国企的有序传承。格力电器的混改由此被认为是大股东和实际控制人发生改变的"国企混改3.0阶段"（混改后国资持股在50%以上、绝对控股被称为"1.0阶段"；混改后国资仍保持第一大股东和实际控制人地位被称为"2.0阶段"）。多位国务院国资委高级官员曾经表示，国企要加快从不具竞争优势的非主业领域退出。

那么，国企混改经过长达五年的试水后进入目前的攻坚阶段对于我国资本市场又意味着什么呢？一方面，国企混改可以借助资本市场实现传统国企有序传承和经营机制的转化，提升效率；另一方面，资本市场为民资以战投方式参与混改提供了更多的实现途径。

综合前述的三个视角，我们看到，步入"而立之年"的中国资本市场未来将迎来以下三个方面的变化，需要投资者积极做好准备。

第一，未来在我国资本市场将掀起新一轮并购浪潮。如果我们把发生在2015年前后以险资举牌为代表的并购潮理解为过去的一轮并购浪潮，那么，步入"而立之年"的中国资本市场将迎来新一轮并购浪潮。我们做出上述判断是基于以下因素的考量。其一，并购重组开展的必要性来自产能过剩消除、债务危机化解等供给侧结构性改革深化的现实需要。一些落后的产能需要通过资本市场对资源的重新整合完成淘汰和发展质量的提升。其二，一段时期以来低迷的股市降低了并购成本。其三，同样不容忽视的重要因素是，我国资本市场进入分散股权时代，成为实际控制人的门槛降低，提升了并购重组成功的可能性，反过来鼓励了这些机构发起更多的并购。相关媒体报道，仅2019年一年发生实际控制人变更的A股公司数量已经超过160家。我们理解，未来我国资本市场上，无论作为前奏的增持举牌，还是作为最终结果的实际控制人变更的情况都将显著增加，新一轮并购浪潮正在积极酝酿中。

我们注意到，正在积极推进的一些央企对地方国企的整合重组事实上同时包含了并购、混改和债务化解三种元素。宝武对马鞍山钢铁的并购、招商局集团对营口港的并购就是这方面的典型例子。

在新一轮并购浪潮中，我们始终强调，并购应该从简单的合并升级到经营机制和管理体制的根本转变。2010年，天津钢管制造有限公司、天津钢铁集团有限公司、天津天铁冶金集团有限公司和天津冶金集团有限公司四家国有企业合并组成渤海钢铁。并表后的2014年，渤海钢铁进入美国《财富》杂志评选的世界500强企业榜单。但好景不长，2015年年底，快速扩张后的渤海钢铁陷入了严重的债务危机，涉及105家银行金融机构的负债高达 1 920 亿元。由四家企业合并而来的渤海钢铁开始在"分"（把经营状况相对较好的天津钢管剥离出来）的基础上重新回到"混"（引入民资背景的德龙钢铁做战投进行混改）的正确路径。

如果说渤海钢铁是在合并后并没有完成经营机制根本转变的典型案例，那么，重庆钢铁的重组则成为通过引入优秀的战投进行混改完成经营机制转化的成功案例。重组后重庆钢铁的实际控制人为由中国宝武、中美绿色基金、招商局集团和美国 WL 罗斯四家公司共同出资组建的四源合股权投资管理有限公司。所有制混合后，盈利动机明确的四源合仅仅派了"五名既不炼钢也不炼铁"的高管，实现了经营机制的转化，使在临近破产的路上走了十年的重庆钢铁仅用了一年就实现了起死回生。我们注意到，重组后的重庆钢铁完成了以下两方面经营机制的转化。其一，基于市场化原则建立激励充分的经理人与员工激励机制。2018 年重组后的首席执行官（Chief Executive Officer，CEO）年薪（553.91 万元）几乎是 2017 年 CEO 年薪（54.89 万元）的 10 倍；在较短的时间内，重庆钢铁相继推出《重庆钢铁高管薪酬激励框架方案》和《重庆钢铁股份有限公司 2018 年至 2020 年员工持股计划（草案）》。其二，回归到 CEO 作为经营管理决策中心，实现 CEO 和董事会之间职能的合理分工。董事会明确给予 CEO 授权，机构设置、技术改造等事项甚至可以先操作后向董事会报批；而董事会则回到选聘 CEO 和考核评价 CEO 等基本职能。

我们看到，只有通过并购实质性地推动经营机制和管理体制的转化，相关企业才能在新一轮并购潮中成为真正受益者，否则，企业只会在合合分分的游戏中一次次错失发展的机遇，最终难改被淘汰出局的命运。

第二，未来中国资本市场将为投资方布局新经济企业、抢占赛道提供更多的契机。过去四十余年，由于具备了新经济企业发展的"天时"（恰逢以互联网技术为特征的第四次工业革命浪潮）、"地利"（市场导向的经济转型释放的改革红利和拓展的发展空间）和"人和"（基于中国企业家的勤劳和智慧完成的大量制度创新），中国已发展成为全球独角兽企业最多的国家之一。随着我国资本市场包容"同股不同权"构架,允许投票权配置权重向创业团队倾斜,我们可以预期未来我国资本市场将为新经济企业的发展提供更加广阔的舞台。

那些治理思维依然停留在"同股同权"阶段的投资者需要意识到上述转变契合了互联网时代加剧的信息不对称对创新导向企业组织重构的内在要求。一方面,通过允许投票权配置权重向创业团队倾斜,让创业团队主导普通投资者无法把握和理解的业务模式创新,实现社会化的资本"分担风险"和职业化的经理人负责"专业决策"的高度专业化分工,提升效率;另一方面,则通过"同股不同权"构架,将"流水"的经理人转化为"铁打"的经理人,完成从以往短期雇佣合约向长期合伙合约的转化,防范"野蛮人"入侵,鼓励人力资本的持续投入,实现合作共赢。因而,对待新经济企业,投资者不是像以往一样简单谋取控制权,而是通过允许投票权配置权重向创业团队倾斜,把他们并不熟悉的业务模式创新决策交给那些真正懂这些问题的创业团队。

但允许投票权配置权重向创业团队倾斜,并不意味着公司治理不再需要保护投资者的权益。对于推出"同股不同权"构架的新经济企业,我们需要对其标配"日落条款",以确保实现控制权的状态依存。所谓"日落条款"指的是在公司章程中对投票权配置权重倾斜的创业团队所持有A类股份转让退出以及创业团队权利限制的各种条款的总称。在优科得科技的案例中,公司章程规定,如果持有A类股份的股东向他人转让所持有的A类股份,或者将A类股份的表决权委托他人行使时,A类股份应当按照1∶1的比例转换为B类股份。这意味着在特定状态下,"同股不同权"构架将重新回到只有一类股票的"同股同权"构架,实现了控制权的"状态依存"。

因而,面对新经济企业,一个新的公司治理理念是在鼓励创业团队投入人力资本以主导业务范式创新和降低代理冲突以保护中小股东利益二者之间的权衡,而既非以往一味强调防范经理人和大股东剥削小股东的情况，即所谓的"防火，防盗，防经理人"，也非在投票权配置权重向创业团队倾斜后对中小股东权益损害风险增加情况的听之任之。

除了公司治理理念的调整，我们注意到，资本市场对外部股东权益保护不足的"同股不同权"构架也将发挥积极的调节作用。相比于"同股同权"构架的股票，我们注意到，"同股不同权"构架的股票往往价格波动幅度更大。在港交所完成上市制度改革后，登陆香港的独角兽企业小米、美团、众安在线、雷蛇、易鑫、阅文、平安好医生等无一例外地遭遇了IPO后股价跌回甚至跌破发行价的尴尬局面。因此，投资者投资新经济企业除了需要调整公司治理理念，还需要对在未来承担更大的股价波动风险做好必要的心理准备。

第三，未来中国资本市场一方面将成为实现国企混改的重要平台，另一方面将反过来促进资本市场的深度社会化，推动中国资本市场走向更加分散多元的股权结构。

容易理解，相比于非上市国有企业的混改，借助资本市场实现的国企混改往往具有较低的治理结构改善和经营机制转化成本。作为上市公司的中国联通成为"央企混改第一股"，与借助资本市场这一平台实现混改的便捷和效率有很大关系。

从重庆钢铁混改的案例中，我们看到，引入一个优秀的战投，实现深层次的经营机制和管理体制的转化则成为国企混改成功的关键。从重庆钢铁引入的战投四源合来看，一个成功的战投至少需要具有以下四个特征：其一是需要具有雄厚的资金实力，具有未来可以为做出错误决策承担责任的所谓"可承兑收入"；其二是盈利动机明确，希望通过经营机制转化，使企业获得新生，实现投资回报；其三是认同在股东和董事会层面形成权利制衡和进行合理分工的理念；其四，希望通过治理结构的完善解决长效激励问题，积极推动企业经营机制和管理体制的转化。

尽管活跃在资本市场的上市公司作为优秀企业的代表，很大程度上是通过资本社会化已经完成混改的企业，但资本市场无疑在帮助一些正在混改的企业走完"最后一公里"上扮演着十分独特和重要的角色。通过国有资本的适时退出和企业家择机入股，我们看到，格力混改变相承认了创业企业家董明珠的历史贡献，帮助格力成功走完国企混改的"最后一公里"，实现了格力的有序传承。历史上，一些由国企改制而来的上市公司由于未能妥善解决这些特殊传承问题，没有得到股权认同的创业企业家在"走和留"问题上意气用事，由此带来的长期股权纷争往往为企业未来基业长青蒙上阴影和埋下隐患。

而无论从作为央企和基础战略性产业混改标杆的联通的案例，还是从作为地方国企和竞争性产业混改标杆的北方信托的案例来看，已经完成的混改无一例外地推动了我国资本市场已经形成的股权结构分散化趋势。我们相信，随着国企混改的实质推进，我国资本市场股权分散的态势将进一步加强。

基于以上三个方面的分析，我们看到，尽管面临经济下行压力加大、债务链条断裂风险加剧和房价下跌预期带来消费行为紧缩严重等不利因素，步入"而立之年"的中国资本市场依然存在着诸多与挑战并存的机遇。

资本市场无疑是实体经济发展的一面镜子。我国可以一方面通过更加扎实地深化改革，切实推进产权保护，帮助民资形成稳定的发展预期，增强投资的信心；另一方面通过深化国企混改，转化国企经营机制，释放国企活力。中国经济下滑企稳之时，定当是中国资本市场重新活跃之日。

1.3 "昙花一现"的互联网金融

根据银保监会的相关统计，截至 2020 年 8 月末，全国在运营网贷机构为 15 家，比 2019 年年初下降 99%，借贷余额降低 84%，出借人减少 88%，借款人减少 73%。网贷机构无论数量、参与人数，还是借贷规模已连续 26 个月下降。随着 2020 年年底监管机构对网贷平台的专项整治工作转入常规监管，P2P 平台将全部退出，喧嚣一时的互联网金融像昙花一样很快从绚丽走向衰败。

应该说，今天互联网金融发展面临的尴尬局面是很多人始料未及的。那么，是互联网金融"淮南为桔，淮北为枳"，在中国水土不服吗？本小节尝试从以下三个视角揭示今天互联网金融发展面临尴尬局面背后的原因。

第一，在金融工具性质上介于传统的债务融资和权益融资之间的互联网金融缺乏成熟的救助手段，风险往往难以控制。

对于债务融资这一传统的信贷业务，资金提供方银行不仅要求借款方进行资产抵押，而且需要实力雄厚、声誉卓越的关联公司提供担保。在监管上，不仅要求各商业银行向中央银行提供准备金以防范未来可能的风险，而且在市场中逐步形成各类对口的资产管理公司，帮助银行处理坏账。经过上述救助手段，债务融资面临的风险在很大程度上是可控的。而对于权益融资，尽管没有抵押和担保，而且上市公司经常宣称"除非董事会做出承诺，否则发放股利不是公司的一项义务"，但由于股东集体享有所有者权益的法律保护以及董事会股东大会等其他基本的公司治理制度，股东成为公司治理的权威，对重大事项以投票表决的方式进行最后裁决。股东可以通过更换不称职的经理人等公司治理机制确保"按时收回投资，并取得合理的回报"（哈佛大学施莱弗教授语）。如果把现实经济生活中各种实现融资的金融工具描述为赤、橙、黄、绿、青、蓝、紫的五彩世界，则债务融资和权益融资是最基础的白色和黑色。而互联网金融在金融工具性质上则介于传统的债务融资和权益融资之间。它一方面不再具有传统债务融资十分苛刻的抵押担保和成熟的监管制度，另一方面并没有像权益融资一样形成合理的治理结构，难以通过必要的治理机制来维护其投资者权益。既没有传统债务融资抵押担保的隐性保证，又缺乏现代公司治理制度确保投资者权益的制度安排，介于二者之间的互联网金融的风险之高可以想象。很多人把"互联网金融"和"非法集资诈骗"联系在一起，甚至有"做得好是互联网金融，做得不好就是非法集资诈骗"的说法。我们看到，互联网金融与非法集资诈骗边界的模糊恰恰是由互联网金融自身金融工具属性所面临的极高风险决定的。

第二，互联网金融对借款人和P2P平台道德风险行为的约束很大程度来源于基于互联网大数据形成的声誉机制，然而目前不成熟的网络环境和微不足道的社会惩罚成本使得互联网金融最重要的一道门槛形同虚设。

互联网金融风险主要来自两个方面。其一是借款人的道德风险。理论上，基于互联网技术的大数据使得一个存在赖账不还行为的借款人不仅难以再获得原来平台的贷款，甚至从此也很难获得其他任何平台的贷款。然而，由于信息披露的不全面，大量平台没有实现数据的接入和公开，导致借款人声誉信息不够完整，平台不仅无法通过自身拒绝借新款等途径来惩罚这些违约的借款人，更无法通过使其他平台拒绝提供贷款对其进行"集体惩罚"。上述声誉机制的缺失和集体惩罚机制的无效加剧了借款人的道德风险倾向。其二，互联网金融风险直接来自P2P平台本身。借款人的道德风险倾向，再加上市场中存在着多家评级信息差距较大、指标不健全、机制不透明的第三方网站，平台主动终止业务、退出市场甚至恶意欺诈的事情时有发生。按照相关媒体统计，截至2018年10月末，全国累计停业以及问题平台的数量已经多达5 190家，严重损害了投资者的利益，给行业的发展蒙上了阴影。

第三，监管部门一刀切的监管政策无意中损害了一些P2P平台在市场中逐步建立的声誉。

我们知道，作为资金的归集者，P2P平台的运营方向平台的投资者归集资金，并将归集完成的资金最终支付给借款人；而在借款人还款的时候，归集借款人资金并支付给贷款人。上述过程中，无论是贷款人借钱还是借款人还款，资金都需要经过平台在银行开设的账户，在一定时间内这些资金形成了P2P平台的资金池。有研究表明，如果以存续时间长短表征平台的声誉，那么，声誉越好的平台，其净资金流入比率越大，发生问题的风险越小，即使存在资金池（所谓的"无资金托管"）也是如此。上述研究在一定程度上表明，基于互联网金融市场的声誉机制在一些P2P平台中开始发挥部分作用。

然而，针对愈演愈烈的问题平台和平台跑路事件，2016年10月，我国监管当局发布了《互联网金融风险专项整治工作实施方案》。该方案不仅明确了P2P平台的信息中介性质，同时要求其不得设立资金池，不得发放贷款，不得非法集资，不得自融自保、代替客户承诺保本保息、期限错配、期限拆分、虚假宣传、虚构标的。上述监管政策的出台将已经通过声誉机制的建立与问题平台相区别的优秀平台与问题平台置于同一条监管起跑线上。考虑到巨大的监管成本和未来业务开展存在的大量不确定性，这些原本可以继续生存下去的互联网金融平台也不得不郑重考虑退出。

也许我们在考虑采取积极措施保护互联网金融借贷双方的合法权益的同时，应该重新考虑互联网金融在未来中国发展的定位和空间。毕竟它迎合了全球科技革命带来的金融创新浪潮；此外，它在普惠金融以及解决中小企业和家庭的"融资难""融资贵"问题上做过积极探索和有益尝试。

1.4 北京证券交易所的设立将为中国资本市场带来怎样的期待？

在2021年中国国际服务贸易交易会全球服务贸易峰会上的致辞中，中国国家主席习近平宣布，将继续支持中小企业创新发展，深化新三板改革，设立北京证券交易所，打造服务创新型中小企业主阵地。那么，北京证券交易所的设立将为中国资本市场带来怎样的期待呢？

第一，对于中小企业而言，权益融资渠道将得到一定程度的拓宽。传统上，中小企业在外部融资的选择上更多地依靠银行贷款，急需外部资金支持的中小企业往往无缘资本市场，既不能发股，又不能发债。即使从银行贷款，中小企业也需要具有高额的资产用以抵押，以及良好的信用记录。而这些都是初创的中小企业所缺乏的。中小企业一方面缺乏权益融资的途径，另一方面从银行贷款面临很高的门槛。这事实上是中小企业长期处于"融资难""融资贵"的困境的现实原因。而创新型中小企业所面临的"融资难"的困境更加严重。其一是创新型中小企业中较高的人力资本投资比重使其很难达到申请银行贷款的抵押资产规模;其二是创新型中小企业发展面临的不确定性往往比传统企业更高,银行贷款到期还钱的硬约束与创新型企业的上述本质属性存在内在冲突。因此,北京证券交易所的设立意味着对于包括创新型中小企业在内的中小企业十分重要的权益融资渠道将得到一定程度的拓宽。

长期以来,在"公司财务"的大学教科书中,权益和债务理论上是企业财务经理可以平行选择的两种金融工具,由此形成使公司价值最大的最优资本结构。然而,在现实中,资本结构选择更多是能够上市的大企业的"特权";很多中小企业只能无奈地选择银行贷款,甚至私人借贷(或高利贷),资本结构的选择根本无从谈起。相信随着北京证券交易所的设立和中国资本市场体系的成熟,经典公司财务理论应有的对公司理财实践的指导意义会日渐凸显出来。

第二,北京作为金融中心的发展定位和区域功能将得到强化,北京金融证券从业人员规模将进一步扩大,有助于促进北京从制造业中心向服务业中心功能的转型。

证券发行和交易是一项综合性很强的金融服务。从IPO的法律文件的准备,到清产核资的会计报告的出具,再到资产定价的完成,最后到股票交易的监管,每一个环节都需要大量法律、会计和金融专业的从业人员。以往深交所和上交所的设立使得深圳和上海成为接纳大批法律、会计和金融专业从业人员的重要城市。相信随着北京证券交易所的设立,北京城市从事证券交易相关业务的就业人口比重将会有一定幅度的上升。从趋势上看,这符合北京从制造业中心转为服务业中心功能的定位。金融学在未来很长的一段时期仍将继续成为高考志愿填报的热门专业之一。

第三,不应对境内主要证券交易所由于竞争的加剧而提高证券交易服务效率抱有过高的期待。

我们知道，股票交易的本质是公开竞价的拍卖市场。不同于期货交易涉及实物交割的问题，作为标准化的电子凭证交易，不同证券交易所在股票交易功能上是可以完全替代的。在计算机技术十分发达和成熟的今天，理论上，一家交易所提供的交易平台足以完成所有的股票交易。但为什么一些国家要同时设置两家甚至两家以上的证券交易所呢？例如，在美国，除了成立两百多年的纽交所，还有1971年设立的纳斯达克证券交易所。其中一个十分重要的考量是，证券交易所本质上是追求盈利的企业，因此可以通过引入竞争达到提高交易所股票交易效率的目的。我们知道，纽交所不仅为股票交易提供服务，而且自身也是公开发行股票的公众公司；历史上纳斯达克证券交易所一度希望收购纽交所，由于触发反垄断条款受到美国司法部的干预而被迫终止。应该说，纳斯达克证券交易所设立后确实起到了刺激纽交所提升交易效率、改善服务质量的作用。如今，纽交所不仅像纳斯达克证券交易所一样接纳公开发行和变相设立的"同股不同权"股票，而且对纳斯达克专注的高科技公司同样敞开怀抱。只发行一类股票，但以合伙人制度变相实现"同股不同权"的阿里2014年就是在纽交所上市的。

需要提醒读者注意的是，我国资本市场设立的证券交易所在性质上属于半官方色彩的事业单位。官方不仅参照行政机关为证券交易所设立一定的行政级别，而且在发展我国多层次资本市场的总体格局下，对交易所的服务客户进行了相对严格的定位和划分。这使得中国境内的交易所之间并不存在严格市场意义上的竞争关系。一个例证是，中国资本市场设立上交所和深交所超过三十年，但三十余年来，从未发生从一个市场退市到另一个市场重新上市的企业。我理解，即使中国资本市场在北京证券交易所设立后，由原来的两家证券交易所变成现在的三家证券交易所，这一现状在未来很长的时间内也会继续维持。而作为对照，在美国资本市场，从纳斯达克证券交易所退市，重新到纽交所上市，或者反过来的情况，则十分常见。这是由于美国两大交易所回归到交易所是追求盈利的企业的本质。

而在追求盈利的动机驱使下，竞争会较好地实现提高资本市场交易效率的目的。

另一个例证是来自已经离世的前证监会主席助理张育军。按照官方公布的简历，他先后出任深交所和上交所的总经理，而且是唯一一位出任过两个交易所总经理的证券界高管。但上述做法显然不符合公司高管在离任三年内不得出任竞争对手公司高管这一行业通行惯例。这进一步表明，深交所和上交所并不是我们基于纽交所和纳斯达克证券交易所二者关系所想象的竞争关系，而是中国资本市场下的不同层级和分支而已。因此，北京证券交易所未来的市场运行、投资者结构、主要基础制度安排等都与深交所、上交所存在显著差异。

第四，扩容的境内资本市场不会必然降低境外资本市场的吸引力，因此，同样不应对北京证券交易市场设立后中概股回归速度加快抱有过多期待。

前面的分析表明，由于北京证券交易所的设立仅仅是增加了中国资本市场的"场馆面积"，在维持多层次资本市场的总体格局不变的前提下，作为重要组成部分的三个市场无法开展实质性竞争，缺乏制度改进和完善的内在自觉和行动空间，在相关制度改进上依然依赖于主管证监业务的证监会的整体推进。相比较而言，面临全球资本市场竞争的境外很多市场在推出吸引优秀独角兽企业上市过程中可谓不遗余力。例如，港交所在2014年还由于不能接纳"同股不同权"而无奈拒绝阿里的上市请求，但仅仅在四年后的2018年即完成了号称香港资本市场"25年来最具颠覆性的上市制度改革"，开始接纳"同股不同权"制度。2019年港交所迎来了阿里以二次上市方式实现的"回归"。

除了拥有全球规模最大、素质一流的机构投资者，美国资本市场的强大吸引力一定程度上还在于驾轻就熟实践注册制的"宽进严出"。我们以由于财务造假被美国监管当局强制退市的瑞幸咖啡为例。该企业从成立到赴纳斯达克上市仅用了不到18个月，刷新了中概股上市的最快纪录。这一上市速度在中国资本市场是无法想象的。而这样的上市速度对于那些采用"烧钱"模式吸引客户，在短期内需要大量外部融资支持的高科技企业具有极高的吸引力。当然，由于财务造假，瑞幸咖啡同样创造了中概股退市的最快纪录。

同样重要的是，美国资本市场的吸引力还在于严格的法律制度和法治文化保障下资本市场对企业风险控制能力的稳定预期。美国证监会对中概股财务审计问题的担心可谓由来已久。但它并没有在瑞幸财务造假事件曝光后立即对所有中概股开展突击检查，而是加速相关法案出台的进程。这就是后来我们看到的《外国公司问责法案》的出台。在政策出台后，监管当局同时给出相应的政策缓冲区（例如，外国发行人在该法案实施后连续三年仍不能满足美国公众公司会计监督委员会的审计要求的，将禁止其证券在美国交易）。这些政策规定无疑将为企业营运者和资本市场投资者选择是否退出和何时退出带来稳定预期，减少了公众公司发展所面临的不确定性。

基于上述理由，我认为，虽然随着北京证券交易所的设立，中国境内资本市场将实现"扩容"，但在吸引中概股回归A股上发挥的作用仍将有限。

1.5 中国资本市场发展三十年的"速度与激情"

公司治理是上市公司以资本市场为载体，实现权益融资的基础性制度安排，它同时是上市公司高质量发展的基本制度保障，也是未来中国资本市场提高直接融资比例的关键所在。那么，中国资本市场在过去三十年究竟取得了哪些成就，未来又有哪些值得期待的地方呢？

1.5.1 中国资本市场过去三十年所取得的成就

也许我们可以用"速度"两个字来概括中国资本市场过去三十年所取得的成就。首先，中国资本市场用较短的时间从奉行"同股同权"原则走向接纳包容"同股不同权"构架。我们知道，作为"同股不同权"构架的标准实现方式的 AB 双重股权结构股票发行在西方已经有上百年的历史。然而，直到 21 世纪初，包括奥利弗·哈特（Oliver Hart）和施莱弗等在内的著名学者依然认为"同股不同权"构架是不利于保护投资者权益的制度安排。

港交所在 2018 年完成了"25 年来最具颠覆性的上市制度改革"，开始接纳包容"同股不同权"构架，为阿里在港交所的二次上市和双重主要上市，甚至更多独角兽企业在港交所上市开启绿灯。内地资本市场于 2019 年创立的科创板，除了试水注册制，一项引人瞩目的上市制度改革就是开始接纳包容"同股不同权"构架。2020 年 1 月 20 日，内地第一只双重股权结构股票优科得科技在上交所科创板上市。在近年前往美国上市的中概股企业中，平均 36% 的企业选择发行 AB 双重股权结构股票上市。可以预见，未来 5—10 年，在 A 股市场投资者的投资组合里，"同股不同权"构架股票将占有较大的比重。而这一切可能就始于 2019 年内地资本市场率先开启的上述上市制度改革。如今，包括韩国等在内的国家在是否推出上述制度依然在观望中，"同股不同权"构架无论在理论界还是实践界依然存在争议。但它实现的投票权配置权重向创业团队倾斜，鼓励了人力资本的持续投入，实现了短期雇佣合约向长期合伙合约的转化，代表了公司治理控制权制度安排的发展趋势。

其次，中国资本市场用较短的时间推出集体诉讼制度和隐含的举证倒置制度，加强了法律对投资者权益的保护，对于未来资本市场健康发展厥功至伟。成熟资本市场经过上百年的探索逐渐在世纪之交形成共识，那就是以哈佛大学施莱弗教授研究为代表的法金融文献所揭示并证实的，法律对投资者权益的保护是资本市场健康发展的关键。法律对投资者权益保护的核心体现在股东对抗董事会决议，进而阻止内部交易时相关投票权履行的便利和法律救济。而集体诉讼制度和举证倒置制度则是投资者权益法律救济和保护的重要实现途径。对于违法违规的上市公司及其高管来说，真正可怕的也许并不是监管机构的有限的监管处罚,而是集体诉讼下的民事赔偿。例如,在美国安然会计丑闻中,投资者通过集体诉讼获得71.4亿美元的和解赔偿金,比美国证监会对安然的5亿美元的罚款高出十多倍。

中国资本市场在很短的时间内通过对《中华人民共和国证券法》(以下简称《证券法》)的修订推出了有利于投资者权益保护的集体诉讼制度和隐含的举证倒置制度。这为未来增加违法违规成本、规范上市公司行为提供了扎实的法律基础。新《证券法》遵循过错推定原则,强调高管需要自证清白,尽管尚未使举证倒置成为一项与集体诉讼配套的诉讼制度。因而,新《证券法》的相关条款一定意义上只是推出"隐含"的举证倒置制度。

我们看到,无论"同股不同权"构架还是投资者权益保护的加强都是中国资本市场利用"后发优势",站在巨人的肩膀上,学习和借鉴成熟市场经济国家资本市场建设上百年的经验和教训,迎头赶上的结果。在相对比较短的时间内,通过借鉴和吸收,中国资本市场推出了一些被很多国家证明行之有效的有利资本市场健康发展的制度安排,体现了中国资本市场发展的"速度",可喜可贺。

1.5.2 对中国资本市场未来的期待

那么,我们对中国资本市场未来又有哪些期待呢?

第一,中国资本市场虽然引入了融资融券制度,使A股在理论上具备做空的可能性,然而在实际中尚缺乏行之有效的做空机制。瑞幸咖啡财务造假事件使很多人认识到包括浑水公司在内的做空机构在监督上市公司财务行为方面的重要作用,做空机制由此成为来自市场的重要公司治理力量。

随着通过直接发行AB双重股权结构股票或变相实现控制权向少数人倾斜的"同股不同权"构架在新经济企业中成为流行模式,未来公司治理约束公司行为的重心将逐步从来自公司内部转向外部。这将为包括做空机制等在内的市场监督力量提供广阔的治理舞台。因而,融资融券制度除了增加上市公司和控股股东的融资途径和融资规模，未来也有望逐步成为做空机制发挥市场监督作用的制度基础。中国资本市场应该鼓励和欢迎来自国际资本，甚至本土的做空机构发挥积极的市场监督作用。那将不仅使一些潜在的问题企业"心生畏惧"，而且将有效提高监管机构的监督效率，使监管机构可以将有限的监管资源从事前审批和事中监督中腾出来，投入监管更加有效的事后违规惩罚中。

第二，注册制不仅要"形似"，而且要"神俱"。中国资本市场经过近年来的不懈努力，围绕注册制的核心法律要件和程序规范已经初步建立起来，因而具备了注册制实施的"外形"。但一个企业是否上市应由市场而不是由监管机构进行评价这一注册制最核心的灵魂和精神在实践中却没有得到有效贯彻。我们知道，上市从审核制转变为注册制是中国资本市场从以往事前审核下的"严进宽出"走向事中监督和事后处罚的"宽进严出"的监管思路的重大调整。上述监管思路的调整一方面将优化监管资源配置，提高监管效率，同时有效避免监管机构相关人员事前审核的寻租设租行为；另一方面则是调动和激发包括做空机制等在内的潜在的市场监督力量，让市场中无时不在、无处不在的监督来补充，甚至代替监管机构有限的监督。因而，在判断一个企业是否能够上市时，在信息充分披露和程序履行完整的前提下，我们更多地相信资本市场和投资者自身的判断。例如，一家战略配售基金总购买人数超过1 000万人，每秒钟有8个人购买，很短时间内把600亿元人民币规模的基金销售一空的公司恰恰表明它获得了投资者和市场的高度认同。对于这样一个一方愿意买，而另一方愿意卖的标准市场行为，其实监管当局没有太多的理由和必要终止这家公司上市。这些突然终止上市的事件一定程度上为中国资本市场正在积极推行的注册制蒙上了阴影，也为未来中国资本市场吸引外国公司到A股上市的所谓"A股国际化"设置了心理障碍。如何把上市审核评价的"权利"能交给市场的一律交给市场，而不是人为干预，这是中国资本市场在未来推行注册制时需要特别注意的地方。即使事后有充足的证据表明这些突然被终止上市的公司确实有问题，我们事实上也可以像美国监管当局处置财务造假的瑞幸咖啡一样，让它以最快速度退市（虽然它曾经以最快速度上市）。这样的处置才是对注册制精神实质的一种很好的贯彻。

中国资本市场推行注册制的时间并不长，对于注册制精神的理解和把握不够准确，既与多年实行审核制而形成的思维惯性有关，又与一些监管官员不愿意放弃手中的权力与既得利益有关。因而看起来"形似"的注册制在中国资本市场要真正成为上市由市场评判和决定的机制，无疑还有很长的路要走。

让我们共同期待着中国资本市场未来"激情燃烧"的一刻。那将是一个由市场来评估审核上市，同样由市场来监督约束上市行为，对全球企业和投资者都具有吸引力的公开透明的国际资本市场。

第2章 中概股：观察中国资本市场的一扇窗户

1992年10月9日，华晨汽车在美国纽交所挂牌上市，掀开了中国企业境外上市的序幕，中概股在不知不觉中走过三十余年，如今步入"而立之年"。万德（Wind）数据显示，截至2022年6月底，境外上市的中概股企业有354家，其中在美国上市的中概股企业有277家。

2022年8月26日，中国证监会、中国财政部与美国公众公司会计监督委员会（Public Company Accounting Oversight Board，PCAOB）签署审计监管合作协议。该协议的签署被普遍认为是朝着中概股审计监管问题的解决"迈出关键一步"[①]。然而，美国证监会主席加里·根斯勒（Gary Gensler）先生在相关声明中指出，"尽管重要，但这一框架性协议只是进程中的一步"[②]。美国证券交易委员会国际事务办公室主任费舍尔则早在三个月前参加美国证券业与金融市场协会（Securities Industry and Financial Markets

---

[①] 参见中国证券监督管理委员会《中国证监会、财政部与美国监管机构签署审计监管合作协议》，2022年8月26日，http://www.csrc.gov.cn/csrc/c100028/c5572328/content.shtml（访问时间：2024年7月29日）；《中国证监会有关负责人就签署中美审计监管合作协议答记者问》，2022年8月26日，http://www.csrc.gov.cn/csrc/c100028/c5572300/content.shtml（访问时间：2024年7月29日）。

[②] 参见Gary Genslerm, "Statement on Agreement Governing Inspections and Investigations of Audit Firms Based in China and Hong Kong"，2022年8月26日，http://www.sec.gov/（访问时间：2024年7月29日）。

Association，SIFMA）的一项活动时就曾预言，"即使 PCAOB 和中国监管当局签署了协议，这也只是'万里长征'的第一步"[①]。因此，围绕审计底稿的监管合作，进而中概股退市风险的成功化解未来依然充满挑战。

那么，在中概股"三十而立"之年，我们如何评价全球资本市场发展史上十分独特的"中概股现象"？如何理解中概股最近几年发展遭遇的波澜曲折？中概股未来又将如何应对退市压力呢？

2.1 一段时期以来中概股发展遭遇的困境

资本市场的投资者要求上市的公众公司进行信息披露，以获得财务知情权，是确保投资者投资回报安全的必要举措。美国监管当局从加强投资者权益保护的角度，对包括中概股企业在内的赴美上市的外国公司的会计信息质量的关注由来已久。至少从 2007 年开始，PCAOB 与中国证监会等机构就围绕审计监管合作保持接触。

从 2010 年浑水公司发布东方纸业的做空报告引发美国证监会调查开始，多家中概股企业由于财务造假被执行强制退市。2011 年，针对中国公司的证券诉讼案件就有 44 件，占到全美证券诉讼案件的 18%。对中概股企业的不信任情绪一时间笼罩着整个美国资本市场。

在 2020 年年初瑞幸咖啡财务造假丑闻曝光后，美国政府加快推动相关立法进程。《外国公司问责法案》最早于 2019 年 3 月由美国共和党参议员约翰·N. 肯尼迪（John N. Kennedy）和民主党参议员克利斯·范霍伦（Chris Van Hollen）提出。经过美国参议院、众议院表决通过，总统签署，该法案于 2021 年 12 月正式生效成为法律。按照该法案，一家外国公司若

[①] 参见 Y J Fischer, "Resolving the Lack of Audit Transparency in China and Hong Kong: Remarks at the International Council of Securities Associations (ICSA) Annual General Meeting"，2022 年 5 月 24 日，https://www.sec.gov/news/speech/fischer-remarks-international-council-securities-associations-052422（访问时间：2024 年 7 月 29 日）。

连续三年未能通过 PCAOB 审计，将被禁止在美国任何交易所上市。尽管该法案适用于所有在美国上市的外国公司，但中国内地、中国香港、法国和比利时是该法案提出时仅有的四个 PCAOB 无法监管审计的经济体，其中中国内地和中国香港的企业占比将近 90%。

2022 年 3 月 8 日，美国监管当局在上述法案授权下开始公布不符合审计底稿相关要求的境外上市公司的"预摘牌名单"。截至 2022 年 8 月 16 日，已有 162 家中概股企业进入预摘牌名单。这些最终被列入确定名单的企业如果三年内不能满足 PCAOB 的审计要求，理论上在披露 2023 年年报后（即 2024 年年初），其股票将不能继续在美国的证券交易所交易，并将被强制退市。

2021 年 6 月，美国参议院进一步通过了《外国公司加速问责法草案》（Accelerating Holding Foreign Companies Accountable Act），该草案要求将《外国公司问责法案》规定的 3 年期限缩短为 2 年。

此前的 2019 年 11 月，时任美国总统特朗普签署一项行政命令，禁止美国投资者对中国军方拥有或控制的企业进行投资。2021 年年初，中国移动、中国电信、中国联通三大通信运营商和中海油被纽交所执行强制退市。

由于一些心存侥幸的中概股企业未能珍惜难得的融资渠道和良好的发展局面，不惜财务造假，授人以柄，在中美竞争的背景下，在美上市的中概股受到美国监管政策打压，退市风险加剧。中概股发展陷入空前的困境。

面对来自美国监管当局咄咄逼人的退市压力，从 2020 年 5 月美国参议院表决通过《外国公司问责法案》以来，截至 2022 年 7 月，已有网易、京东集团、百胜中国、知乎、贝壳等 24 家美国中概股企业回港交叉上市，以规避强制退市风险。

2022 年 8 月 12 日，中国石化、中国石油、中国人寿、中国铝业和上海石化五家中国企业相继发布公告，宣布自愿将其美国存托股份从纽交所退市。

2022年8月26日，中国证监会、中国财政部与PCAOB签署审计监管合作协议。美国证监会主席根斯勒先生在相关评论中引用了"The proof will be in the pudding"（布丁是否好吃，吃了才知道）的谚语，强调"尽管重要，但这一框架性协议只是进程中的一步"。

2.2 谁来拯救中概股？

进入2022年3月，伴随着新冠疫情的反复，中概股、港股和A股经历了一轮"过山车"的行情。

在2022年3月15日之前，这三个股市一片惨绿。这一轮行情首先是从中概股开始的。网友对此有十分形象的描述。例如，在美上市的中概股每天约跌掉一个中信证券的市值，9天跌掉一个茅台的市值；阿里2014年9月份在纽交所上市时，发行价为68美元/股，当天的收盘价是90.6美元/股，2022年，阿里营收增长了十几倍，股价却跌到77.76美元/股；早在2017年，阿里市值曾超过亚马逊，2022年，阿里、腾讯、美团、拼多多、京东、百度、滴滴这些国内头部互联网公司的市值总和，还没有亚马逊一家大。

而事情的缘起似乎是2022年3月10日美国证监会根据《外国公司问责法案》将5家中概股公司纳入"预摘牌名单"，将关于中概股退市风险的担忧传导到市场。再加上地缘政治因素、美联储货币政策调整等，在诸多因素的共同推动下中概股修复估值的努力再度宣告失败。

受中概股影响，港股持续下跌。追踪香港交易股票的恒生中国企业指数创下自2008年11月以来的最大跌幅，而恒生科技指数则下跌11%，创下自成立以来的最大跌幅。而A股上证指数则一度逼近3 000。

面对这一轮中概股、港股和A股市场的惨绿行情，一些学者强调是中美竞争的背景下，美国极右力量将证券市场政治化，举起《外国公司问责法案》的大棒打压中概股的结果。毕竟新一轮股价雪崩是直接由上述事件触发的。

而另一些学者则强调，这是外国做空机构打击，外资机构疯狂减持，进而引发投资情绪波动导致的结果。他们提供的证据是，外资购买中国国债持续放缓，2022年2月则彻底转为净流出，当月流出约350亿美元，是有数据以来规模最大的一次单月流出。

在对这一轮中概股行情的观察过程中，以下这些困惑始终缠绕着我。

第一，中概股、港股和A股股价波动从未像现在这样同步，这是为什么？

我们知道，很多在《外国公司问责法案》实施后面临退市风险的中概股往往会选择在港交所进行二次上市分散风险，或者私有化退市后直接在香港上市。港交所成为中概股重要的避风港湾。理论上，港股的行情应该与打压下的中概股的行情相反。但这一次两者却令人意外地保持同步。

第二，如果说中概股的这一轮暴跌是由于2022年3月10日"预摘牌名单"的公布，那么，进入名单的5家中概股公司的股价应该跌幅更大才对。但这5家公司的股票只是诸多跌幅超过90%的大部分中概股中的五只股票而已，而即使这些企业未来不得不退市，那也是在三年以后的事。这是为什么？

直到同年3月16日金融稳定委员会的一个会议后，A股和港股就开始由绿转红，我的这些困惑才开始变得明朗起来。

那么，我们应该怎样看待这一轮从中概股、港股到A股的"过山车"行情呢？

第一，固然有中美竞争、地缘政治的因素，但中概股、港股和A股股价波动难得地保持一致与近年来我国各类监管的持续加强有一定的内在关联。

我们知道，与硬约束的债务融资相比，研发的不确定性决定了高科技企业更偏好权益融资。面对我国资本市场审核制导致的上市"堰塞湖"，很多急需外部资金支持的高科技和电商企业选择境外上市。应该说，早期

BATJ 的发展得益于国际资本市场的助力。但近年来，出于防止资本无序发展、保障信息安全，或者避免平台垄断的目的，我们的各类监管机构对这些企业发起一轮又一轮的监管。这些被重点监管的企业或者在美国上市，或者在香港上市，甚至在内地上市。而监管政策无疑会带来股价的波动。这使得中概股、港股和 A 股原本不具有一致性的三个分割市场具有了某种同步性。

第二，只有 5 家中概股企业进入"预摘牌名单"，且即使退市也是在三年之后，但股价却出现雪崩式下跌，而且不限于这 5 家进入名单的企业。对此的一个可能解释是，中国近年来对一些优秀民企的事后应急监管不断冲击投资者好不容易建立起来的信心，使这些中概股成为最容易受外部环境变化影响、极其脆弱的部分。尽管基本面还算良好，但由于它们是建立在资本市场脆弱的信心之上，有任何风吹草动，首先受到伤害和影响的就是它们。这也许这可以解释为什么全球股市都受到战争、新冠疫情，甚至大国竞争的影响，但中概股和港股成为重灾区。

一度利用国际资本市场寻求廉价的融资成本，参与国际分工的中概股如今无论在美国人眼中，还是中国人眼中都是"揩油者"。前者认为中概股从美国的资本支持获益，但不思感激；后者认为，中概股境内盈利，境外分红，首鼠两端，狡兔三窟。现在中概股却成了双方共同"打击"的对象，双方意外而且难得地走在了一起。

第三，这次股市行情在金融稳定委员会的会议后的迅速好转从另一个侧面表明，把原本属于市场的还给市场，企业原本的韧性和活力自然就会展示无遗。

关于中概股，金融稳定委员会的会议提出，中美双方监管机构保持了良好沟通，已取得积极进展，正在致力于形成具体合作方案。中国政府继续支持各类企业到境外上市。

我们知道，会计底稿是上市公司最底层、最基础的财务数据。投资者通过公司披露的财务数据来了解公司经营和财务的重要情况。美国监管当局此次要求审计中概股公司的会计底稿，至少公开的目的是从根源上杜绝财务造假事件。而财务造假是资本市场发展公认的毒瘤。

理论上，未来如果有一天 A 股成为外国公司上市的首选地，为了保证 A 股投资者的财务安全，并不排除我国监管当局要求这些上市公司提供相关财务数据的可能性。因此，我对未来中美双方形成具体合作方案保持乐观。原因是，单纯从经济行为而言，这对双方都有好处。对于美国而言，投资者通过提供融资支持，参与并分享中国经济发展的红利；而对于中国企业而言，则获得了业务模式创新必不可少，但短期内无法从 A 股获得的权益融资。当然，这里涉及的一些问题超过了我作为金融学教授的知识范围。例如，这些财务数据是否会涉及国家信息安全，以及国家信息安全的合理边界等。

这一轮中概股、港股和 A 股的"过山车"行情再一次提醒我们，政府做减法其实远比做加法对增强经济活力更有效。

2.3 如何理解中国企业境外上市？

2021 年 7 月初发生的滴滴网络安全审查事件在一定程度上表明，中国民企境外上市的道路未来会充满更多不确定性。我们注意到，在很多拟选择境外上市的企业开始重新评估监管环境变化为境外上市之路带来的不确定性的同时，为数不少的不明所以的读者甚至为很多中国企业境外上市受阻莫名其妙地叫好，幸灾乐祸之情溢于言表。那么，我们究竟应该如何正确理解中国企业境外上市呢？

第一，上市只是一种企业融资实现方式，更宏观、抽象地说，上市是我国引进经济发展所需要的外资的主动实现方式之一。改革开放四十余年，各地方、各部门始终把招商引资作为促进当地经济发展相关举措中的重中之重。我们习惯于"筑巢引凤"，习惯于"文化搭台，经济唱戏"，目的不正是吸引外资吗？而每年在各地方的政府工作报告中，引入多少数额的外资不也正是各地政府争相炫耀的靓丽政绩吗？而中国企业境外上市，从本质上而言，正是引进外资的一种特殊实现方式。

如果要问境外上市这种"主动出击"式的引进外资与当地政府"筑巢引凤"式的引进外资有什么区别，那就是，境外上市不仅引进了外资，而且在外资如何使用的问题上保持了更大的主动权。我们以2014年在美国纽交所上市的阿里为例。当时，阿里的第一大股东和第二大股东分别为持股31%的软银和持股15%的雅虎，但持股仅为13%的阿里合伙人通过股权协议和合伙人制度，有权任命阿里董事会的大部分成员，集体成为阿里的实际控制人，实现了以"中国的劳动"雇佣"外国的资本"。事实上，我国现在很多优秀的电商企业在发展早期急需资金支持的时候，正是由于获得外国资本的支持，才渡过难关，成为今天享誉一时的头部企业，阿里如此（获得日本的软银和美国的雅虎的融资），腾讯亦如此（获得南非的Naspers的融资）。

中国近年来成为独角兽企业最多的国家之一。所谓独角兽企业指的是在短期内估值超过十亿美元的新经济企业。独角兽企业成为新经济的引擎，将为一个国家和地区的经济持续发展注入新的活力。而中国很多独角兽企业的诞生则离不开逐利动机下的外国资本以风投等方式实现的资本支持。

第二，像所有所有权与经营权分离的公众公司一样，中国企业境外上市并不以向境外股东和境外监管当局披露涉及具体业务或商业机密的用户个人数据和相关客户信息为前提。在滴滴受到国家网信办的信息安全审查后，有关滴滴可能把影响国家安全的道路数据"打包交给美国"的谣言四起。这显然是一些无知者的错误解读和一些别有用心者的故意误导。

我们做出这样判断基于以下理由。其一，对于一家企业而言，用户个人数据和相关客户信息往往是最重要的商业机密之一，事关企业未来业务经营的成败。在存在商业机密外泄风险与公开发行上市之间，一些企业宁愿选择不上市。其二，对于资本市场的投资者而言，要求公众公司进行信息披露，是为了获得必要的财务知情权，以确保自己投资回报安全，而对于涉及商业机密的信息或道路数据,他们不仅毫无兴趣,甚至可能会反对企业进行相关信息披露。原因是这样做与把类似的商业机密透露给竞争对手没有什么本质的不同。与企业在保守商业机密问题上利益高度一致的股东们心里很清楚,泄露商业机密给竞争对手将导致其所投资企业由于竞争加剧而业绩下滑和利润下降,企业的股价会下跌,相应的分红会减少,最终受到损害的是股东自身的利益。正是在上述意义上,即使是在安然会计丑闻后美国出台旨在加强信息披露的《萨班斯-奥克斯利法案》,围绕该法案加强信息披露是否过度也一直在学术界和实务界存在大量争议。其三,对于监管当局而言,在保护投资者获得必要财务知情权的信息披露监管中始终坚持的底线与边界是对于这些涉及商业机密的用户个人数据和相关客户信息"主动避嫌",以免未来相关商业机密外泄后承担相应的法律责任。其四,对于交易所而言,从追求自身盈利的动机出发,它并不会提出这些涉及商业机密的信息或道路数据的披露要求,硬生生把一家在自己交易所上市、为自己带来盈利的企业推到它的竞争者(其他资本市场)的怀抱。我们知道,证券交易所本身就是追求盈利的企业,而且在全球各主要资本市场之间存在着十分激烈的竞争。

第三,2020 年美国出台的《外国公司问责法案》旨在加强在美国上市的外国公司财务信息的真实性,而并非要求"在美国上市的外国公司给数据"。除了要求严格披露实控人的政府政党背景信息,该法案的核心内容强调,如果外国发行人连续三年不能满足 PCAOB 的审计要求,将禁止其证券在美国交易。这里的审计要求只涉及财务数据,并非客户数据,更非行车道路数据。我们知道,该法案出台的一个重要背景是中概股企业瑞幸咖啡的财务造假丑闻的爆发。而财务造假在任何希望资本市场长期健康发展的国家都不会获得支持。对于一个没有财务造假、业务流程真实存在、能够给投资者带来合理回报的优秀企业,上述法案显然并不会对其选择境外上市构成实质性障碍。

在中美竞争的大背景下,我们看到,上述法案的出台恰恰在一定程度上表明，美国一些保守主义者也许并不愿看到中国企业以境外上市这种高级的外资引进方式，从美国乃至全球引进了大量资本，支持中国经济快速发展的事实，而试图加以阻挠，为中国经济发展"釜底抽薪"。令人感到遗憾的是，在国家网信办发布公告称对滴滴实施网络安全审查后，滴滴股价当日大跌超5%，包括罗森等在内的四家美国律师事务所发起对滴滴围绕上市风险评估不足的集体诉讼。在国内政府监管压力和国外股东诉讼压力的"内外夹击"下，滴滴的发展陷入空前的困境。

第四，即使一些拟在境外上市的中国企业确实需要围绕信息安全等问题进行审查，我们也建议，相关监管机构要事前充分评估这种审查可能对正在兴起的新经济企业的潜在影响，而且尽可能在相关法律政策出台后依法审查，由事后应急监管转变为事前合规治理。

我们强调，即使应该对涉及信息安全，进而威胁国家安全的中国企业境外上市进行监管，也应该尽可能是能够带来稳定预期的事前合规治理，不仅要使相关方事前充分知晓监管规则，而且相关监管程序履行也要做到公开透明，避免成为突击检查和审查的事后应急监管。

按照相关统计，2018年中国新增独角兽企业全球占比达到近年来的峰值37.5%，仅比排名第一的美国低8个百分点，之后该比重则出现快速下降趋势。这一变化不能不引起我们的关注和重视。

2.4 如何评价全球资本市场发展史上十分独特的"中概股"现象？

我们也许可以从以下三个方面来评价走过三十余年发展历程的中概股。

第一，中概股是中国企业家自发突破创新型企业的融资约束瓶颈，实现国际资本的创造性引进和利用的重大举措，是中国企业家面对发展融资困境所完成的国际资本市场开拓的重大制度创新。

第2章 中概股：观察中国资本市场的一扇窗户

中概股出现的大的时代背景是互联网时代的来临与创新导向的新经济企业的风起云涌。对于很多业务模式尚未成熟、依靠"烧钱"赢得消费者认同、未来营收存在大量不确定性的新经济企业，在融资模式选择上，它们本能地倾向于"除非董事会做出承诺，否则发放股利不是公司的一项义务"的权益融资，以代替更多需要抵押担保和到期偿本付息的债务融资。[1] 而新经济企业权益融资面对的基本现实是我国资本市场发展早期主要服务于国企改革，形成了包括会计条件在内的很高上市门槛，以及审核制下诱发"壳资源"而形成的上市"堰塞湖"。新经济企业为了自身的发展急需蹚出一条权益融资实现的新路来。这成为这些新经济企业积极开拓境外市场的内在动力。

改革开放以来，逐步引进的风投和国际资本为了实现以上市为目的的投资退出[2]，甚至签署对赌协议，成为新经济企业境外上市的有力推动者。香港回归后，成熟的国际资本市场运作和证券律师服务经验为中概股开拓境外市场提供了坚强的制度保障。很多中概股（如腾讯，阿里早期的P2P业务等）的境外上市之路都是从港交所启航的。因此，这些风投和国际资本成为新经济企业开拓境外市场的外在压力。

面对中国内地A股居高不下的上市壁垒，急需外部权益融资支持的新经济企业与希望尽快上市变现退出的国际资本共同把目光投向了包括美股和港股在内的资本市场。我们知道，除了拥有全球规模最大、素质一流的机构投资者，美国资本市场的吸引力还在于实施"宽进严出"的注册制带来的惊人上市速度。我们以由于财务造假被美国监管当局强制退市的瑞幸咖啡为例。[3] 该企业从成立到赴纳斯达克上市仅用了不到18个月，刷新了

---

[1] 郑志刚，金天，黄继承，等，2021. "烧钱"行为与新经济企业的公司治理制度设计——来自美国中概股企业的证据 [Z]. 中国人民大学财政金融学院．

[2] MäKelä, M. and Maula, M., 2007. Cross-border venture capital and new venture internationalization: An isomorphism perspective [J]. Venture Capital, 7, 227–257；彭涛，黄福广，李娅，吴馨睿，2020. 外资风险投资、海外上市与企业国际化 [J]. 外国经济与管理, 42(4), 123–138.

[3] 参见郑志刚，《瑞幸财务造假，公司治理去哪儿了？》，FT中文网，2020年4月8日。

中概股上市的最快纪录。这一上市速度在中国资本市场是无法想象的。而这样的上市速度对于那些采用"烧钱"营销模式吸引客户，在短期内需要大量外部融资支持的创新导向的新经济企业具有特别的吸引力。

尽管美国相关法律对发行美国普通股的企业注册地有明确的限制，但投行业务很早就发明了在美国本地发行存托凭证或者美国存托股以规避相关限制的成熟业务模式。[1] 虽然存在交易规则、监管政策和投资者权益履行和保护的一些差异，但发行美国存托股与发行美国普通股并没有本质区别。

而在 2000 年新浪网创造性地通过"可变利益实体"（Variable Interest Entities，VIE）构架成功登陆纳斯达克，为中国企业开辟了一条通往美国资本市场的捷径。这里所谓的 VIE 构架指的是境外上市实体在境内设立不实际开展主营业务的全资子公司，通过协议控制境内运营实体的业务和财务，实现的境外上市实体与境内运营实体的分离[2]，由此规避境内法律法规对特定行业引入外资的比例限制。

我们看到，在 A 股融资的现实瓶颈、国际资本的助推、存托凭证的变通以及 VIE 构架的采用等诸多因素的共同推动下，进入 21 世纪后，大量创新导向的中国优秀新经济企业选择境外上市。除了 2000 年登陆美国纳斯达克的新浪网，腾讯于 2004 年在香港联交所上市；新东方于 2006 年在纽交所上市，直接带动了教培企业的海外上市和国内教培市场的活跃与繁荣；阿里于 2014 年在美国纽交所上市，刷新了美国资本市场 IPO 市值的新纪录；等等。业务主体在中国境内，但到境外尤其是到美国"扎堆上市"，甚至一度刷新美国资本市场 IPO 市值新纪录的"中概股"由此应运而生。正是在上述意义上，我们认为，中概股是中国企业家面对发展融资困境，围绕国际资本市场开拓所完成的重大制度创新。

---

[1] 何杰,1993.存托凭证(DR)——进军美国证券市场的捷径[J].特区经济,(08),42-43.

[2] 王喆,林蔚然,2018.VIE 模式会影响企业估值吗？——兼论"中概股回归"后 VIE 企业信息披露监管[J].证券市场导报,(08),39-46.

一个不可忽视的事实是，同期部分大型国企也实现了境外上市。1993年上石化在香港联交所和纽交所上市，成为境内首家在中国香港市场和美国市场交叉上市的公司；中国银行于2006年6月发行H股，同年7月发行A股，形成A+H上市格局；等等。1993—2010年，共有17家所处行业多为传统行业的大型国企在美国和中国香港交叉上市，在此之后这种情形则鲜有出现。

与民企境外上市主要为了开辟权益融资途径不同，我们看到，国企境外上市的一个重要目的是引入战投，规范公司治理。客观而言，在中小银行、村镇银行治理问题频发的今天，大型国有商业银行治理波澜不兴与早期境外上市引入战投和规范治理不无关系[①]。

无论国企还是民企境外上市，形成全球资本市场蔚为壮观的"中概股"现象无疑是我国20世纪80年代初改革开放引入外资的升级。如果说早期"文化搭台，经济唱戏"，引入外商投资设厂，实现的所谓"外国的资本"雇佣"中国的劳动"，是引入外资的1.0版本，那么，境外上市实现的"中国的劳动"雇佣"外国的资本"则是引入外资的2.0版本。这是改革开放以来引入外资助力中国经济腾飞的高级实现形式，而并非很多人眼中"境内盈利，境外分红"的机会主义行为。

第二，中概股进行了积极的公司治理制度设计创新探索，推动了香港联交所和A股科创板上市制度的改革，为A股上市制度的注册制改革和接纳"同股不同权"的公司治理制度设计提供了有益的借鉴。

境外上市引入的规范治理制度无疑为民资背景的中概股企业的长期

---

① 参见 Bonin, J., Hasan, I. and Wachtel, P., 2005. Bank performance, efficiency and ownership in transition countries [J]. Journal of Banking & Finance, 29, 31-53；朱盈盈，曾勇，李平，等,2008.中资银行引进境外战略投资者：背景、争论及评述 [J].管理世界,(01),22-37+56. 石凡，陆正飞，张然,2009.引入境外战略投资者是否提升了公司价值——来自H股公司的经验证据[J].经济学(季刊),8(01),231-248. 张瑜，殷书炉，刘廷华,2014.境外战略投资者提高了我国商业银行的经营效率吗?[J].经济评论,(02),139-149. 魏涛，部崔健，黄容,2021.境外战略投资者的引进对中资银行创新能力的影响效应研究 [J].宏观经济研究,(04),59-70.

稳定发展打下了坚实的公司治理制度基础。尤其难能可贵的是，这些民资背景的中概股企业根据不同国家与地区资本市场的上市制度要求，灵活进行股权结构和控制权安排的设计，完成了很多公司治理制度设计的重大创新。我们以2014年在美国纽交所上市的阿里为例。只发行一类股票的阿里通过创造性地推出合伙人制度，变相形成了通常只有通过发行AB双重股权结构股票才能形成的"同股不同权"构架，成为近年来出现的公司治理制度设计的重大创新。①

而很多中概股企业例如百度、京东等则直接选择发行AB双重股权结构股票来形成"同股不同权"构架。这种一百多年前就诞生的股权结构设计由于背离了看起来更加符合平等观念的"同股同权"制度，长期以来受到主流理论和政策实践的打击和排斥。然而，进入21世纪，以谷歌（Google）、脸书（Facebook）等为代表的"同股不同权"构架的股权结构设计实践却表明，鉴于互联网时代加剧的信息不对称，控制权向创业团队配置权重进行适度倾斜，将鼓励他们的创新投入，反而为部分放弃控制权的外部投资者带来更大的回报。②截至2022年6月底，277家在美中概股企业中，有97家企业实行了"同股不同权"构架；而在97家发行AB双重股权结构股票的在美中概股企业中，有10家也同时实行合伙人制度。发行AB双重股权结构股票，同时采用合伙人制度成为很多中国新经济企业选择境外上市的股权结构设计的流行模式。

在全球主要资本市场竞争激烈的背景下，风生水起的中概股竞相成为这些资本市场吸引的对象，客观上加快了全球主要资本市场上市制度和公司治理制度设计的变革和创新的进程。我们以港交所为例。由于当初不能接受"同股不同权"构架而迫使阿里远赴美国上市的港交所，为了吸引阿

---

① 郑志刚，邹宇，崔丽，2016. 合伙人制度与创业团队控制权安排模式选择——基于阿里巴巴的案例研究[J]. 中国工业经济，10，126-143.

② 郑志刚，朱光顺，李倩，等，2021. 双重股权结构、日落条款与企业创新——来自美国中概股企业的证据[J]. 经济研究，12，94-110.

里等中概股企业的回归，于2018年完成了"25年来最具颠覆性的上市制度改革"，开始接纳和包容VIE和"同股不同权"构架，允许已在境外上市但业务重心在大中华地区的公司在港交所以直接发行港股的方式申请二次上市。[①] 这从技术层面为中概股回归香港"点亮了绿灯"。

在国际资本市场竞争激烈的背景下出于巩固和加强香港国际金融中心的地位的目的，香港联交所的上市制度改革没有止步于此，而是在中美竞争的背景下，采取更加灵活务实的态度，锐意改革，积极接纳中概股的回归。2022年年初开始实施的新规针对二次上市化解退市风险的不足，允许中概股在香港进行双重主要上市[②]，从制度层面为中概股规避美国退市风险提供了保障。港交所上市制度在全球资本市场竞争的格局下不断创新。我们对香港未来依然是难以替代的国际金融中心充满信心。

如果说港交所的上市制度改革经历了长达25年的阵痛，那么A股则是迎头赶上，后发先至，在很短的时间内通过开设科创板，降低上市财务门槛，接纳和包容"同股不同权"构架。至少在包容"同股不同权"构架上，A股几乎与港交所同步实现。[③] 未来，随着中概股回归A股的进程加快，A股势必加快包括注册制在内的国际资本市场通行规则的规范和完善的速度。

我们看到，中概股对于近年来A股有目共睹的包括注册制上市制度等一系列制度建设和文化发展的推动功不可没。因而，它的出现不仅帮助中国企业引进了资金，而且引进了对于中国资本市场健康发展、行稳致远更

---

① 2018年4月24日，香港联交所发布《咨询总结：新兴及创业产业公司上市制度》；香港联交所主板上市规则第一百一十九次修订《有关新兴及创新产业公司新上市制度的〈主板上市规则〉修订》实施上述建议，有关修订自2018年4月30日生效。

② 2021年11月19日，香港联交所发布《优化海外发行人上市制度的咨询总结》；香港联交所主板上市规则第一百三十四次修订《有关海外发行人上市制度的〈主板上市规则〉修订》实施上述建议，有关修订自2022年1月1日生效。

③ 2019年4月，上交所发布修订的《上海证券交易所科创板股票上市规则》，允许企业以差异化表决权股权结构的形式上市，成为我国关于双重股权结构的首次尝试。2020年1月，中国A股第一只发行AB双重股权结构股票的优科得科技在科创板上市。

加重要的制度和文化，使中国资本市场的相关制度建设始终走在各行各业改革开放的前沿。

第三，中概股成为世界资本市场发展史上的独特现象，在提升全球资本市场的开放性上功不可没。

尽管中概股是中国企业家为突破自身发展融资约束瓶颈，围绕国际资本市场开拓所完成的重要制度创新，但中概股三十年的艰难历程客观上推动了资本市场国际化的进程，加剧了全球资本市场之间的竞争，有助于全球"统一"资本市场的形成。

概括而言，走过三十年发展历程的中概股通过公司治理制度设计的制度创新不仅创造性地突破融资瓶颈，大胆走出去，积极利用国际资本，参与国际分工，而且推动了香港联交所和 A 股科创板上市制度的改革，有助于提升全球资本市场的开放性和全球"统一"资本市场的形成。

中概股不仅是一项前无古人的资本市场发展的重大制度创新，而且还是中国企业家精神的集中彰显。改革开放四十余年来，中国的企业家精神不仅体现在任正非、张瑞敏等企业家推动中国企业在企业管理制度和企业文化上的积极创新等方面，而且也体现在张朝阳、俞敏洪、马云、马化腾等企业家领导中概股企业主动走出去，积极利用外资，进行公司治理设计制度创新等方面。[1]

2.5　中美证券监管当局围绕审计底稿监管合作的主要分歧与可能对策

中概股的退市压力与发展困境很大程度上与中美证券监管机构围绕审计底稿监管合作协议的协商与实施有关。我们有必要了解，经过长期的马拉松式的协商和谈判，直到 2022 年才初步达成监管合作协议初步框架，

---

[1] 郑志刚，2022. 中概股走过这三十年 [J]. 清华金融评论，33-36.

第2章 中概股：观察中国资本市场的一扇窗户

中美证券监管当局围绕审计底稿监管合作的主要分歧何在？这同样是未来在实施环节容易引发双方争议的关键点。也许我们可以把主要分歧概括为以下三个方面。

第一，境外证券监督管理机构是否可以直接进行调查取证？

美国《1933年证券法》和《1934年证券交易法》确立了美国资本市场证券交易制度的基本原则。那就是，投资者有受法律保护的权利获取所投资证券完整、透明的信息，以便于他们评估投资风险。经审计的财务报表由此成为美国公众公司信息披露制度下的一项关键要求。

在安然等会计丑闻爆发的背景下，美国于2002年颁布的《萨班斯-奥克斯利法案》进一步将上述原则明确为：如果一家公司想在美国公开发行证券，它的审计师必须接受PCAOB的审计质量检查和调查。

按照2021年开始实施的《外国公司问责法案》，PCAOB可以入境检查在PCAOB注册的中国会计师事务所并获取审计底稿，以确保审计质量。但《外国公司问责法案》这一规定与我国2020年3月1日修订实施的新《证券法》第一百七十七条规定相矛盾。新《证券法》第一百七十七条规定："境外证券监督管理机构不得在中华人民共和国境内直接进行调查取证等活动。未经国务院证券监督管理委员会和国务院有关主管部门同意，任何单位和个人不得擅自向境外提供与证券业务活动有关的文件和资料。"①

由于中美证券监管双方签署的监管合作协议尚未公开，从目前中美双方各自披露的信息来看，中方的理解是美方调查员可以对会计师事务所的所有审计环节进行查看，并且约谈所有参与审计的人员。但是美方须通过中方监管部门获取审计底稿，在中方参与和协助下与会计师事务所相关人员开展访谈和问询。而美方的理解则是，美方调查员可以"在不与中国有关部门协商的情况下，自行选择所核查和调查的事务所及审计业务"。胡

---

① 参见《中华人民共和国证券法》第一百七十七条。十三届全国人大常委会第十五次会议于2019年12月28日表决通过了新修订的《中华人民共和国证券法》。新法自2020年3月1日起施行。

锡进先生对此的评论是，"看来双方还会在落实此协议时进一步磨合"①。这无疑为中美监管双方围绕审计监管合作协议的实施带来不确定性。

值得关注的是，尽管中国反对 PCAOB 直接检查中国内地和中国香港的会计师事务所和获取审计工作底稿，但中国从未禁止或阻止相关会计师事务所向境外监管机构提供审计工作底稿。这为未来一些中概股企业通过提交审计工作底稿来继续留在美国市场提供了选择空间。

第二，在美上市的外国公司所聘请的审计机构是否符合 PCAOB 关于会计师事务所裁定管辖的监管要求？②

2021 年 12 月 16 日，PCAOB 发布《〈外国公司问责法案〉认定规则》（HFCAA DETERMINATION REPORT，以下简称《认定规则》），进一步明确了会计师事务所的裁定管辖。《认定规则》宣布了 PCAOB 因中国内地或香港特别行政区一个或多个部门的立场而无法对总部设在中国内地或香港特别行政区的已完全注册的会计师事务所进行检查或调查的裁定结果，并在附录中按各会计师事务所在 PCAOB 的注册名称和识别号列出对中国内地裁定管辖的 35 家会计师事务所和对香港特别行政区裁定管辖的 28 家会计师事务所③。其中包括"四大"④在中国内地和中国香港的设立机构。

简单地说，若在美上市的中国企业聘请的是在《认定规则》裁定名单中的注册会计师事务所，那么该审计机构便不符合 PCAOB 监管要求，进而聘请该审计机构的在美上市中国企业会被认定为"涵盖发行人"（Covered Issuer），从而面临退市风险。例如，2022 年 3 月 8 日，美国证监会公布了包括百济神州、百胜中国、再鼎医药、盛美半导体、和黄医药五家在美上

---

① 参见胡锡进，《中美签审计监管协议是重要突破，给两国"脱钩"抛了个锚》，"胡锡进观察"微信公众号，2022 年 8 月 27 日。

② 郑志刚，2022. 中美审计底稿监管合作的分歧与中概股可能的应对之策[R]. 经士智库研究报告.

③ 参见 PCAOB, HFCAA DETERMINATION REPORT, 2022-12-15, https://pcaobus.org/oversight/international/board-determinations-holding-foreign-companies-accountable-act-hfcaa（访问时间：2024 年 7 月 20 日）。

④ 指国际四大会计师事务所：普华永道、安永、德勒、毕马威。

市的中概股企业在内的首份预摘牌名单。① 这五家中概股企业年报披露的审计机构均在《认定规则》的中国内地裁定名单中,从而不满足 PCAOB 对于审计机构的相关要求。

这意味着,理论上,中概股企业存在通过变更审计机构以满足 PCAOB 要求,进而实现对审计工作底稿的检查,确保会计信息的真实可靠,从而继续保留在美上市资格的可能性。

第三,围绕政党信息额外披露的争议。

除了审计底稿的检查,对于外国"涵盖发行人",《外国公司问责法案》还对在美上市的外国公司提出了额外的信息披露要求。这些额外信息披露包括公司成立或组建所在的境外司法辖区的政府实体持有公司股份的比例;公司聘请的会计师事务所的分支机构或办事处所在的境外司法辖区的政府实体是否对发行人具有控制性的财产权益;公司董事会或者实际经营实体董事会中的中国共产党党员信息;公司章程(或同等组织文件)是否载有中国共产党党章(若有,还需附党章的相关内容)。

上述信息披露额外要求明显具有针对中国国有控股的中概股企业的意味。中国证监会曾对此表示,个别条款"具有明显的歧视性,均非基于证券监管的专业考虑,我们坚决反对这种将证券监管政治化的做法"②。

由于中美证券监管当局签署的监管合作协议尚未正式公布,除了双方在新闻稿中强调的双方对等和联合检查等合作框架的基本原则,这些具体的分歧如何协调,我们目前不得而知。出于同样的理由,我们对未来监管合作协议的执行是否一帆风顺同样持谨慎乐观态度。

尽管监管合作协议为中概股企业继续保留在美上市地位带来了曙光,但面对监管合作实施过程中的不确定性和正在实施的相关法案带来的退市

---

① 参见 SEC, Provisional list of issuers identified under the HFCAA, 2022 年 12 月 15 日, https://www.sec.gov/hfcaa(访问时间:2024 年 4 月 20 日)。

② 参见中国证券监督管理委员会,《中国证监会有关部门负责人就美国国会参议院通过〈外国公司问责法案〉事宜答记者问》,2020 年 5 月 24 日。

压力，在美上市的中概股企业应该未雨绸缪，积极做好各种应对准备。概括而言，中概股企业可以基于企业属性和实际情况进行"分类应对"。

第一，美股占比不高，同时在多地进行交叉上市的国企中概股可以选择直接从美国主动退市。

我们以2022年8月宣布从美国主动退市的中石化等五家国企为例。这五家国企在美国发行的美国存托股份占其总股本的比例非常小。除了上石化，中石油、中石化、中国铝业、中国人寿四家国企的美国存托股份占其总股本的比例均不超过1%。除了悬而未决的审计底稿检查和调查的具体实施问题，《外国公司问责法案》提出的额外信息披露要求势必增加这些国资中概股企业的有形与无形成本。正如它们在退市公告中宣称的那样，"维持存托股在纽交所上市和该等存托股及对应港股在美国证监会注册并遵守证券交易法规定的定期报告及相关义务所涉的较大行政负担和成本"。

同样重要的是，这些在美国上市的国企中概股同时在中国香港甚至中国内地进行交叉上市。其中，中石化甚至在中国内地、中国香港、美国和英国四地交叉上市。这不仅降低了这些企业对在美国市场实现权益融资的依赖性，而且还为其从美国直接退市提供了相对便捷的途径。

参照2021年中国移动、中国电信、中国联通和中海油从纽交所退市的相关安排，未来宣布直接退市的国企中概股可以选择以下三种方案。其一，美国存托股份持有人可以将美国存托股份交还给存托机构，以按照相应的比例换取公司的普通股，换取的普通股可以继续在港交所进行交易；其二，由存托机构在美国存托股份计划终止日之后尽快将未换取公司普通股的美国存托股份所代表的公司普通股出售，在扣除相关费用支出后将所得现金款项分发给未换取公司普通股的美国存托股份的持有人；其三，主动选择退市的中概股企业，还可以选择在退市后至存托计划终止日前这段时间，将公司存托计划下的存托股在美国的场外市场进行交易。

基于中国移动等国企退市前后的股价表现，我们可以初步判断，国企中概股从美国退市虽然可能在短期内对股价产生一些负面影响，但是影响相对有限，甚至不排除之后股价回升的可能性。2022年8月12日，中石油等五家国企公告自愿从美国退市后，它们的股价均出现预期的小幅收跌，跌幅在1%左右。

在五家国企集体公告退市后，尽管被我国证券监管当局解释为企业"根据自身实际情况作出的决定"，但公告发布措辞高度一致，因此我们并不排除国企中概股集体行动，对中美围绕审计底稿协商谈判进一步施压的可能性。

在上述五家国企宣布从美国退市后，在美国上市的国企中，仅剩中国东航和中国南航暂未发布退市计划。

第二，民资背景的在美上市的中概股企业则可以选择赴新加坡或中国香港，甚至中国内地进行两地甚至三地交叉上市。

国企中概股可以选择从容从美国退市，一方面与发行的美国存托股份所占比例不高有关，另一方面则与这些企业往往是两地甚至多地交叉上市有关。通过多地交叉上市开辟新的融资和流通通道，中概股企业可以将单一市场的上市风险降到最低。从2020年5月美国参议院表决通过《外国公司问责法案》以来，截至2022年7月，已有网易等24家在美上市的中概股企业回港交叉上市。

民资背景的中概股企业可以选择介绍上市、第二上市以及双重主要上市等形式实现多地交叉上市。介绍上市在新的市场不能发行当地的普通股，但可以交易在主要上市地发行的股票，由此拓宽了原来发行股票的流通渠道，是门槛相对较低的交叉上市实现形式。2022年蔚来以介绍上市的方式实现了在新加坡、美国和中国香港三地的交叉上市。

第二上市则除了像介绍上市那样，允许在主要上市发行地发行的普通股在新上市地流通外，还允许发行当地的普通股。2019年阿里以第二上市的方式实现了在香港市场的回归。尽管第二上市增加和拓宽了股票的流通渠道，但是并不能保证在主要上市地公司股票被强制退市以后，公司股票在新上市地的流通的持续性。所以，阿里为了规避未来退市风险，在2022

年 8 月申请将第二上市升级为在美国纽约和中国香港双重主要上市。双重主要上市未来有望成为规避美国退市风险更为流行的交叉上市实现形式。此前，知乎、贝壳、小鹏汽车、理想汽车等九家中概股企业实现了在纽约和香港双重主要上市。

毋庸置疑的是，在美上市的中概股企业回港交叉上市可能会给港股市场带来一定的流动性压力。但是出于以下考虑，我们认为这种流动性压力还是相对可控的。首先，大部分投资在美上市的中概股企业的机构投资者拥有港股投资权限，如果公司股份转移至港股市场，这些机构投资者的投资资金也会相应转移到港股市场。其次，预计未来众多的在美上市的中概股企业在香港的上市方式将是双重主要上市，其港股可以被纳入港股通，这将会进一步吸引南向资金。最后，公司实力较强的在美上市的中概股企业回港交叉上市后可能被纳入相关的港股市场的市场基准指数（如恒生指数），进而带动相关资金配置。

我们预计，对于业务模式不断创新，甚至通过"烧钱"赢得消费者认同，因而需要稳定外部权益融资支持的新经济企业，选择两地或者多地交叉上市来分散单一渠道权益融资的风险成为可能必然选择。而通过发行存托凭证拓宽已发行股票的交易对象和交易范围将成为新经济企业十分常规的融资手段。最近的例子是，在 A 股上市的明阳智能于 2022 年 7 月 13 日在伦敦交易所发行全球存托凭证。

而香港市场对在美上市的中概股企业的吸引力，不仅在于回归港股市场可以拓宽融资途径，规避退市风险，而且还在于香港灵活务实的上市制度提供的回归港股市场的种种便利。在以阿里为代表的中概股回归港股市场的过程中，我们见证了香港作为全球重要的资本市场，从只能退市后实现新的单一上市（阿里 2014 年提出新的上市申请前首先需要将 P2P 业务退市），到允许一个已经在其他市场上市的企业在香港发行新股，进行第二上市（阿里 2019 年 11 月在香港进行第二上市），再到鼓励一家已经上市的企业同时把香港作为新的主要上市地，实现所谓的双重主要上市（阿里于 2022 年 8 月公告将申请将纽约和香港同时作为主要上市地）的制度演进。港交所上市制度在全球资本市场竞争的格局下不断创新。

第三，通过变更选择符合美国监管要求的会计师事务所，在美上市的民资背景的中概股企业可寻求在美国继续上市。

根据美国证监会的相关规定，发行人即使聘用了在 PCAOB 注册的会计师事务所，但如果事务所含有位于美国境外司法辖区的分支机构或办事处，且 PCAOB 认为该境外当局阻碍了其对会计师事务所进行彻底的检查或调查，则依然会被认定为"涵盖发行人"。而在被确定为"涵盖发行人"后，若美国证监会后续认定该发行人聘用的会计师事务所连续三年未经 PCAOB 检查合格，该公司将被禁止在美国任何交易所进行交易。因而，理论上，不被美国证监会认定为"涵盖发行人"最直接的方式就是选择符合 PCAOB 监管要求的会计师事务所作为新的审计机构。

我们的一项研究表明，2020 年，在美上市的中概股企业中，35.8% 选择了满足 PCAOB 监管要求的审计机构，12.2% 进行了审计机构的变更，且变更后审计机构满足 PCAOB 监管要求。这一数据在 2021 年继续上升，39.7% 的中概股企业选择了满足 PCAOB 监管要求的审计机构，14.6% 的中概股企业进行了审计机构的变更。而那些审计机构满足 PCAOB 监管要求的中概股未被列入预摘牌名单。

选择符合 PCAOB 监管要求的审计机构或变更审计机构以满足 PCAOB 监管要求的中概股企业通常呈现以下两个特点：①为民资背景在美上市中概股企业；②未在美国之外的地区进行交叉上市。不难理解，那些不涉及敏感信息的民资背景的在美上市中概股企业可以变更审计机构，寻求继续保留在美上市资格。而当一家中概股企业尚未进行交叉上市时，其通过变更审计机构以满足 PCAOB 监管要求的主观意愿将更加强烈。

这里需要说明的是，对于中概股企业而言，变更审计机构的成本看上去并非想象中那样低廉。首先，对于主营业务在中国境内，相应的营业收入和利润也主要来自中国市场的在美上市中概股企业来说，相比于那些位于中国境外的会计师事务所，位于中国境内的注册会计师事务所在监督经济活动、评价经营管理行为、鉴定企业财务状况和经济成果等方面更具信息优势。聘请境外会计师事务所将成为中概股企业需要支付的一笔十分高昂的成本。其次，变更会计师事务所还将引发市场和监管当局的特别关注，进而产生不必要的成本。通常而言，除聘用合同到期、根据监管部门要求进行轮换等常规原因外，上市公司在出现财务困境、上年度被出具非标准审计意见、审计成本过高等情况下才可能变更会计师事务所。变更会计师事务所由此成为市场和监管当局关注的重点事件之一，甚至可能引发审计风险。例如，美国证监会要求申请变更审计机构的在美上市的外国公司发布6-K公告（注册地不在美国的外国公司披露特定财务信息），单独公示审计机构变更事件，列明前后任审计机构、前任审计机构审计意见和相关交接事宜。最后，尽管审计工作底稿的主要功能被普遍认为是"记载审计师是否依照审计准则尽职尽责地验证企业收入支出等财务信息准确性"，因此一般并不包括国家秘密、个人隐私或企业底层数据等敏感信息，但对部分企业而言，并不能完全排除涵盖了公司的组织、业务、项目和重大事件等的审计底稿涉嫌泄露国家机密、危害国家安全，从而引发监管干预的可能性。

同样重要的是，未来并不能排除美国监管当局提出更加苛刻的保留上市资格条件的可能性。例如，美国立法当局将进入确定摘牌名单的外国公司退市的宽限期从原来的3年缩短为2年。因此，选择多地交叉上市也许是更为长远的可进可退甚至以退为进的策略选择，而将审计机构变更为符合美国监管要求的审计机构只能是维持在美国上市的权宜之计。

从中概股的实践来看，截至2022年6月30日，市值排名前20的在美上市中概股企业均未采用变更审计机构的方式。在其中民资背景的15家中概股企业中，12家已经在香港市场完成二次上市或双重主要上市；蔚来则实现了在纽约、中国香港和新加坡的三地交叉上市；陆金所2022年8月15日表示"公司已经在研究在香港上市路径"；仅有拼多多尚未明确赴港上市计划。

第四，不排除部分民资背景的中概股企业以私有化退市的方式离开美国市场的可能性。

自从美国《外国公司问责法案》通过以来，累计已有 28 家中概股企业完成私有化退市或已发布私有化邀约。这一方面是由于瑞幸咖啡财务造假丑闻曝光带来中概股信任危机，引发中概股股价持续低迷、估值偏低；另一方面则是由于《外国公司问责法案》出台、监管政策收紧加剧了中概股企业在美上市的不确定性。而科创板和创业板试行注册制改革，降低 IPO 门槛，并开始接纳对双重股权结构的 A 股和灵活务实的港股，为这些企业从美国退市并重新上市提供了更加多样化的选择。

2.6 中概股发展的前景展望

尽管即使在审计监管合作协议签署之后，围绕境外证券监督管理机构是否有权在中国境内直接进行调查取证，中美监管当局的各自表述依然存在分歧，但根据我们的观察，双方围绕如何缩小分歧都在进行积极的尝试和不懈的努力。

2022 年 4 月，中国证监会会同财政部、国家保密局、国家档案局对《关于加强在境外发行证券与上市相关保密和档案管理工作的规定》（以下简称"原《规定》"）进行修订，并向社会公开征求意见。其中，删除原《规定》中关于"现场检查应以我国监管机构为主进行，或者依赖我国监管机构的检查结果"的表述，进一步明确境外监管机构在中国境内进行调查取证或开展检查的应当通过跨境监管合作机制进行，证监会和有关主管部门依据双多边合作机制提供必要的协助。我国证券监管机构持续呼吁中美双方按照跨境审计监管合作的国际惯例，加快推动对相关会计师事务所的联合检查。

而回顾美国跨境审计监管实践，尽管 PCAOB 一直尝试推进其对境外会计师事务所的入境调查工作，但大多以签署联合检查协议开展合作告终。从 2010 年开始，PCAOB 先后与英国、挪威、日本、荷兰、阿联酋、德国和芬兰等国家和地区签署了联合检查协议。截至 2021 年年底，PCAOB 已经在 54 个境外国家和地区开展了跨境审计调查。而就在《外国公司问责法案》生效前，此前没有达成合作协议的法国和比利时也已经与 PCAOB 达成了审计合作协议。而在 2022 年 8 月 26 日中美证券监管双方签署审计监管合作协议后，中国内地及中国香港已经从 PCAOB 官网上标注为"拒绝 PCAOB 进行审计调查的国家与地区"名单中除名。

容易理解，保留中概股继续在美国上市，对美国而言，将有利于美国投资者分享中国经济发展的红利，推动中美经济长期合作共赢。"中概股"不仅成为美国资本市场的组成部分之一，而且成为美国资本市场开放性和国际性的明证。

对中国而言，财务造假在任何希望资本市场长期健康发展的国家都不会获得支持，如果中国 A 股市场希望有一天像美国、中国香港的股票市场那样成为全球企业上市的目标，为了保护 A 股投资者的权益，避免瑞幸咖啡式的财务造假，要求在 A 股上市的公司提供可信赖的审计底稿也许同样在情理之中。这事实上是我们对中美监管机构围绕会计底稿这一技术层面的问题达成协议长期持乐观态度的原因所在。

在注册制时代，资本市场虽然并不能完全阻止问题企业通过弄虚作假上市，但可以确保在较短的时间内让这些问题企业的财务造假曝光，并让其为此付出沉重的代价。对于上市公司会计信息披露质量的保证，进而投资者权益的保护，我们应该更多依靠市场选择，而不是通过预设上市标准这一审核制下的监管方式确定一家企业是否应留在市场上。在最短的时间上市，又在最短的时间内退市的瑞幸咖啡成为注册制时代市场"裁决"一个企业是否应该留在市场上的最佳案例。在上述意义上，《外国公司问责法案》以监管的方式而不是市场的方式确定一家企业是否应留在市场上，是注册制时代的一种"退步"。

对于一个严格实行注册制的成熟资本市场，美国监管当局对于继续留在美国上市的中概股需要做的也许依然是：通过引入和培育做空机构和股东投票代理机构，让这些主观上逐利的市场机构客观上起到监督财务造假和完善公司治理的作用；让小股东发起的集体诉讼这一法治力量成为包括打击财务造假在内的资本市场制度建设的主导力量和强大威慑；通过制定共同执行的交易规则，引导主要的交易所在提供高质量的交易服务上开展有序竞争，不断推动资本市场服务水平的提升。当然，对于存在财务造假嫌疑的中概股企业，中美监管双方将围绕审计底稿开展联合检查。

尽管我们对未来监管合作协议的执行是否一帆风顺持谨慎乐观态度，但我们依然坚信，在中美监管当局、资本市场投资者和中概股企业的共同努力下，中概股将续写昔日资本市场制度创新和企业家精神彰显的辉煌，在困难中稳步前进。

第二篇
数字时代资本监管的基本理论问题

第3章 数据的产权属性究竟属于谁？

3.1 从清代旅蒙商号的"万金账"看数据的产权属性特征

随着人类社会进入互联网时代，大数据成为驱动新经济的核心动力。一方面，传统产业在进行数字化改造，实现万物互联互通，重塑业务流程；另一方面，平台企业直接以大数据作为生命线开展业务模式创新。大数据由此成为新经济的关键词，新经济在某些情境中甚至被称为数字经济。从新古典经济学的生产要素或政治经济学的生产资料（例如资本）的产权属性传统分析范式出发，在新经济时代，一个理论界与实践界无法绕过去的问题是，数据这一新的"生产要素"或"生产资料"究竟属于谁？一段时期以来，监管当局对互联网平台的反垄断规制所引发的基于大数据开展业务的互联网平台是否应该被国有化的争议，其实是这一问题的侧面反映。

数据在日常经济生活中所扮演的复杂角色至少可以追溯到清代旅蒙商号的万金账。所谓万金账是清代实行"东伙分离"（财东的所有权与掌柜的经营权分离）的旅蒙商号用来专门记录财东的财股和"顶生意"掌柜所持身股的变化,以作为账期结束分红依据的特殊账簿。在一定意义上,描述股权结构和基本治理构架的万金账可以被视为现代股份公司 IPO 时发布的招股说明书的前身。

我们以清代旅蒙第一商号大盛魁的万金账为例。在获得身股的"顶生意"掌柜中,大盛魁进一步将其区分为称己掌柜和不称己掌柜。那些在万金账中的姓名前加"己"字的掌柜才是称己掌柜。按照大盛魁的号规,只有那些称己掌柜才可以查看万金账,参加号会,并过问"厚存"(类似于如今的公积金),所谓"生意好顶,'己'字难得"。那么,大盛魁的万金账作为较早的数据究竟属于谁呢?是属于财东,还是属于掌柜,甚至仅仅属于称己掌柜?

也许对清代旅蒙商号万金账归属的探究能够为我们今天理解互联网平台数据的产权属性特征带来积极的启发和思考。

3.2 数据的产权属性特征

清代旅蒙商号的万金账无疑与今天互联网平台公司开展业务采用的大数据有很多类似的地方。其一,它是不同当事人之间交易完成或契约签订的历史记录,同时涉及财东、掌柜等多方当事人;其二,万金账涉及财东和掌柜个人信息隐私。例如,万金账不仅记录着财东的财股和掌柜的身股分配及调整状况,而且会将财东掌柜账期的分红状况记录在案。

在隐私保护意识并不十分强烈的清代,容易理解,对于清代旅蒙商号东伙而言,万金账的价值仅仅在于成为东伙未来分红的书面法律凭据和契约意志基础,它的丢失、恶意篡改和非法使用将为未来预期正常开展的交易活动带来某种不确定性。正是由于上述原因,清代旅蒙商号把万金账看作比金银更加珍贵的资料,严加保管。在大盛魁,即使一个"顶生意"的掌柜如果不称己都无法查看万金账。

然而,如果给定东伙对万金账主体内容意志认同(隐式或显式)一致,换一种相对极端的说法，万金账对于包括东伙在内的任何人都不具有实质的价值，甚至与一卷废纸无异。一个有力的逻辑证据是，现代股份公司对于在性质上与万金账类似的招股说明书则反其道而行之，彻底公开透明，"让更多人见证"，以此避免未来相关当事人交易活动开展中"不确定性"的发生。

无论从清代旅蒙商号的万金账，还是从现代股份公司的招股说明书，我们都可以看到，数据的本质是交易（契约签订和履行）过程的历史记录。作为交易过程的历史记录，万金账显然既不属于出资入股的财东（股东），也不属于"东伙分离"下负责日常经营的掌柜（经理人）。这就如同涉及多方当事人权利与义务的履行和承诺的招股说明书的出现是为了方便市场上的投资者了解一家企业，投资者并不需要为获得相关数据而额外付费。因而，我们把包括万金账和招股说明书在内的数据的基本功能概括为服务交易完成和提高交易效率并不为过。

数据记录多方当事人交易过程的属性和服务交易完成的功能决定了其具有十分明显的"非独占性"和"非排他性"。例如，对于一个在互联网平台记录的一笔交易数据，我们并不能像界定一件产品或一项服务那样简单将其归为所有者，因为它的生成离不开提供产品和服务的企业、购买产品和服务的消费者，以及提供"虚拟的市场"帮助他们完成交易的互联网平台中的任何一方。

而这种"非独占性"和"非排他性"是多方当事人为了实现交易必须付出的"代价"。这如同为了正常的社会交往和业务往来，一个人从出生起要完成户口登记，一家企业设立时需要完成工商注册登记一样。在代价两字上加了引号，仅仅用来表明代价对于不同的时代和不同的人是不同的。例如，强调隐私保护的今天与清代相比，同样记录交易的数据对于当事人的"代价"可能是不同的；与普通公民相比，作为公众人物的政治家将要承担成为除诽谤外人们茶余饭后评头论足的谈资的"代价"。

3.3 数据的价值来源

理论上,作为交易历史记录,用来服务交易完成和提高交易效率的数据如同车辙和足迹一样原本没有价值。现实中数据价值来源于对数据的再利用和再开发。而数据再利用和再开发产生价值的前提是数据积累到一定的规模,成为"大数据"。

而互联网时代基于互联网技术形成的网络外部性为数据达到再利用和再开发的规模,成为"大数据",创造了积极条件。即使在没有互联网技术的明清时代,我们看到,作为旅蒙第一商号大盛魁的万金账的潜在价值也明显高于普通旅蒙商号的万金账。这是由大盛魁在清代蒙古地区"放印票账""走房子"的交易规模所形成的与普通商号相比更大的隐性网络所决定的。

当然,在形成数据规模的过程中,始终需要围绕数据的收集、储存和整理付出数据形成的成本。如果仔细观察,我们不难发现,一些专业数据库(色诺芬、CSMAR等)的数据交易价格是"非独占性"和"非排他性"的各种企业数据(上市公司公开发布的招股说明书、财报和公告等)采集整理和初加工的成本计价,而并非产生交易数据的主要当事方的产权价值。因而数据交易的成本往往只是数据收集整理的成本。

需要说明的是,数据即使形成规模,成为所谓的"大数据",也只是具有潜在价值,该潜在价值需要经过再利用和再开发环节才能转化为真实价值。对于数据的再利用和再开发产生价值,一个正面例子是研究机构的研究者通过向财经数据库付费获得数据后可以开展学术研究,发表学术论文;一个极端负面例子是不法分子以制造未来交易的不确定性对当事企业进行敲诈勒索。在大盛魁的案例中,即使万金账由于大盛魁隐性网络的规模巨大而具有潜在价值,但如果没有经过再利用和再开发环节,对于包括东伙在内的大多数人而言依然没有太多价值;大盛魁万金账作为商业机密被大盛魁掌柜们精心呵护，除了顾虑为未来预期正常交易活动的开展带来某种不确定性，还担心被竞争对手掌握，从中破解企业发展战略，对大盛魁未来发展构成威胁。而数据只有在达到一定规模后才具有（再利用和再开发）价值这一事实反过来表明，初始数据的占有和利用不会必然给数据各方当事人的利益造成损害。

概括而言，数据的多方当事人交易记录属性和服务交易完成的功能决定了数据如同车辙和足迹一样本身并无基于产权定价而形成的价值；它的价值来源于数据的再利用和再开发，而再利用和再开发的前提是数据依靠平台积累后天形成足够的规模，成为所谓的"大数据"；数据（库）交易的价格往往来自数据收集整理成本，而不是来自产生数据当事人的产权定价。

3.4 数据再利用的价值与互联网平台的激励

我们知道，互联网平台在本质上是一种"虚拟的市场"。用一家知名二手车的广告语来刻画，理想的互联网平台是"买者直接买，卖者直接卖，没有中间商赚差价"。对于经济学关注的基本激励问题，除了获得广告收益等流量红利这一基本动机，我们不难发现，再利用和再开发平台产生数据的价值成为互联网平台创立的更高层次的动机。

数据再利用和再开发将为互联网平台带来的价值至少包括以下两个方面。其一是有助于互联网平台内部征信系统的建立，使企业黑名单制度的实施成为可能。这为维护互联网平台的吸引力和扩大网络外部性创造了条件。例如，蚂蚁集团旗下的花呗、借呗通过大数据的信用水平识别技术和企业黑名单制度，将坏账率长期控制在较低水平，且远远低于商业银行的坏账率水平。其二是有助于识别潜在交易对象，发现潜在的交易机会。例如，京东自营利用数据再开发和再利用，通过制定与同类产品的提供者相比更低的价格和更快的物流速度，获得竞争优势。特别地，作为开放的平台，京东并没有限制竞争，反而是欢迎来自其他供应商的竞争。京东自营至少在目前阶段更多的竞争优势来自前期苦心经营的强大高效的物流体系。

需要说明的是,由于数据能够带来(再利用和再开发)价值的规模会有一定的时滞,平台企业与其他类型的企业相比将面临更大的风险。例如,为了把数据积累到一定的规模,形成所谓的"大数据",在规模效应出现之前,平台企业往往需要不断地"烧钱"。很多人仅仅看到京东今天在电商领域叱咤风云的地位,但没有看到京东为了构建物流体系吸引客户和厂家,长期亏损,直到近年才开始盈利的事实。

那么,是什么激励平台企业前期不断投入,收集、记录和储存数据,以及持续"烧钱"呢?我们看到,恰恰是互联网平台希望通过扩大网络,吸引客户和厂家,使数据积累到足以再利用和再开发的规模。因而,数据再利用和再开发的价值成为互联网平台创立的潜在激励之一。

在理论上,一家互联网平台企业交易(数据)规模的盈亏临界值由数据红利(广告收入、市场规模对潜在客户的吸引力、新的商机等)与数据收集维护储存等平台运行成本二者之间的比较决定。

3.5 数据产权纠纷的认识误区

以上分析表明,在产权归属上,交易记录的本质属性决定数据涉及各方当事人,具有"非独占性"和"非排他性",在司法实践中我们并不能明确界定数据的产权归属;在利益分配上,数据价值来源于数据的再利用和再开发,不会必然对各方当事人的利益造成损害;在客观效果上,数据再利用和再开发的价值成为互联网平台创立的潜在激励之一。因此,围绕数据产权纠纷的法律救济的关注重点应该集中于是否侵犯隐私(是否损害当事人的声誉)、数据的真实性(是否存在欺骗和造假)以及是否妨碍各方当事人正当交易的完成(是否传递错误或误导信息),由此带来对当事人正当利益的损害等几个方面。

鉴于数据的上述产权属性特征,在司法实践中,我们尽可能避免出现以下认识误区。第一,由谁发起交易,产生数据,数据的产权就归谁所有。我们需要清楚地认识到,作为当事方交易的记录,数据的产权边界并不是十分清晰。类似于车辙和足迹,数据具有"非独占性"和"非排他性"。车辙和足迹留在道路上,但是并不能因为是马车(以及赶马车的人)和行人留下的,就属于马车和行人,也不能因为留在道路上,就属于道路和道路的所有者。

第二,既然数据的产权边界模糊,数据产生的价值就应该在当事方之间进行分享。前面的分析表明,数据的价值来源于数据的再利用和再开发,而非其产权定价。一些互联网平台企业的利润不是建立在妨碍产生数据的当事方正当交易,损害其正当利益的基础上,而是来源于对数据的再利用和再开发。我们不能在一些互联网平台目前的盈利与产权属性模糊的数据之间建立简单的因果关系。如同(成功的)企业家创立企业获得高额投资回报,我们并不能因为上述高额投资回报的形成离不开利益相关方的付出和努力而否定企业家获得高额投资回报的正当性和合理性。更何况,平台再利用和再开发数据并不必然对产生数据的当事方的利益构成损害。

第三,既然数据的产权边界模糊,那数据就应该在全社会免费共享,甚至归国家所有。前面的分析表明,互联网平台需要为形成一定规模的数据的收集、整理和储存投入大量成本。近年来,正是互联网平台对数据整理和储存的现实需要使一些头部的互联网平台成为"云计算"和"大数据"等各种互联网前沿技术研发和应用的引领者。除此之外,更加重要的是,数据再利用的价值一定程度上解决了互联网平台创立的激励相容问题,成为互联网平台创立的潜在激励之一。互联网平台从前期"烧钱"到后期盈利承担了巨大风险,无数互联网平台在黎明来临之前倒下。如果将互联网平台前期积累的数据简单在全社会免费共享,甚至归国家所有,不仅会挫伤平台所有者对互联网平台进行创设和维护的积极性,而且如同市场的关闭一样,互联网平台的倒下将使正常的市场交易减少,损害每一家厂商和每一位消费者的利益，甚至厂商和消费者背后的政府的利益。

理论上，在不损害用户隐私权和泄露商业秘密的前提下，对于互联网平台数据，可以参照商业数据库的运营原则进行交易，供需要的高校和市场研究者购买。而互联网平台之间的竞争，以及代替性的数据市场形成将对互联网平台数据流动进而数据定价产生影响。

3.6　小结

对于作为未来社会经济发展引擎的数字经济，一些学者依然采用传统的生产要素（甚至生产资料）的视角来解读数字经济的关键——数据，另一些学者则是在给定的监管框架和外部约束下讨论数据使用的可能边界。如果说前者把数据理解为一种特殊的生产资料，数据存在占有权、使用权和受益权，进而所谓的数据产权问题，那么，后者则强调"有为政府"的宏观经济管理能力，进而数据的产权保护能力。二者在数据产权需要进行合理界定上达成部分"共识"。我的问题是数据的产权究竟属于谁呢？

第一，类似于车辙和足迹，数据是交易过程的客观记录，数据的产权属性其实很难界定。对于车辙和足迹，你不能讲，因为它们是某类交通工具或某个行人产生的，因而它们属于该交通工具的主人或该行人；当然，同样不能讲，因为它们印在了道路上，那它们就应该属于道路的所有者。类似于今天的很多非私人物品，数据的产权属性是难以界定的。也许产权界定只适合私人物品，甚至其中部分私人物品。世界上很多重要甚至很有价值的客观存在，根本无法界定产权，而数据只是诸多客观存在中的一种。

第二，产权概念最初的提出，只是为了方便法律的实施。我们注意到，产权的内涵与外延在司法实践中不断调整。我们以产权最典型的实现形式之一——股东的所有者权益为例。股东的所有者权益从哈特以来逐步演变为一种剩余权利，并从此成为经济学意义上的标准产权定义。什么是剩余权利呢？那就是对于已经规定好的事项就按规定的来，只有对于那些尚未在（不完全）合约中规定的事项，作为权益所有者的股东才有（以股东大会投票表决的方式）最后裁决（使用、受益）的权利。例如，集体享有所有者权益的股东可以否决格力董明珠即兴提出的年终增发员工薪酬的临时动议，但无权阻止格力向完成绩效考核指标的董明珠发放事先约定的高价薪酬。后者是说好了的，而前者则是没有说好的。我们看到，从剩余权利到传统的占有权、使用权等的产权内涵演进，始终遵循的内在逻辑是如何方便法律的实施，而不是为了原本子虚乌有的产权概念而舍本逐末，甚至刻舟求剑。

第三，零星的数据除了对自己有价值，也许对其他第三方并没有价值，但数据经过积累成为"大数据"，再经过开发利用，就会变得有价值。我们以蚂蚁为例。蚂蚁利用交易数据建立的特殊征信系统可以帮助其识别潜在的信贷风险，降低呆坏账率。大数据模型构成蚂蚁信贷业务开展十分重要的风险管理模型。而原本的交易记录除对个别用户可能有用外，在大部分情形下可能都是无用的。因此，数据变得有价值至少需要满足两个前提条件：其一是数据积累到一定规模，成为"大数据"；其二是大数据经过再开发和再利用。因而今天我们看到的数据的价值是经过平台积累、加工成为"大数据"后的价值。把原本没有价值或者价值不大的数据变得有价值，恰恰是平台的贡献。

第四，大数据带来的价值增加事实上成为很多平台创建的内在动机和长期激励，并最终使得大数据形成的成本内在化。我们同样以蚂蚁为例。为了实现风险管理的目的，蚂蚁有动力投入人力物力对记录交易的数据进行收集和分类，这使得大数据形成的成本完全内在化了，并被大数据形成的价值增加所覆盖。

这里需要说明的是，尽管平台为数据变得有价值投入了积累和加工成本，但我们并不能由此简单地将数据的产权归于平台。原因依然是数据并不像标准的私人物品那样容易界定产权属性。作为对照，很多产权界定明确的私人物品是需要其所有者投入额外成本来保护产权的。

第五，虽然用户并没有从平台获得数据分享的直接补偿，但每个用户事实上都是平台大数据开展利用的间接受益者：没有淘宝、京东，我们的购物也许没有那么快捷便利；没有美团、饿了么，我们也许无法实现足不出户就能品尝美食；没有滴滴、神州出行、曹操出行，我们也许还在寒风中耐心地等待寻找客户的出租车……在互联网时代，我们不得不分享很多有关个人隐私的信息。这也许是我们为了获得便利而不得不付出的一项成本。

第六，与数据究竟属于谁的讨论相比，一个更有意思的讨论也许是如果数据外泄导致用户的生命财产受到损失，如何进行事后的法律救济？如果有确凿的证据表明是平台管理不善导致信息外泄，那么平台应该承担相应的责任。这个责任甚至在法律上可以界定得很重，以此来构成一种可置信的威胁，督促平台认真履行信息安全义务。

基于以上讨论，我的建议是，法律界和政策制定者也许并不需要去论证数据产权究竟属于谁的问题，而是应该转而讨论如何界定和追究平台信息外泄的法律责任。后者更加实际可行。其实，在我看来，如果有相应的法律救济途径来追究平台信息外泄的责任，用户可能就不再关心数据产权究竟属于谁这一问题，因为产权这一概念的提出本身就是为了帮助法律高效实施的。

第4章 大数据能成为企业家精神与市场的替代吗？

4.1 大数据能成为企业家精神的替代吗？

2017年，前蚂蚁金服首席战略官陈龙教授的一篇"如果哈耶克[①]醒过来，会怎么想数字经济？"的文章在微信朋友圈被频繁转发。我认为，这篇文章之所以引起读者的强烈兴趣，是因为陈龙教授用"醒过来"（重新加入讨论）的方式继续着从20世纪30年代开始持续至今的关于计划和市场的争论。当下蓬勃发展的数字经济似乎成为在这场计划与市场世纪之争中新一轮决胜的筹码。面对来自业界重量级大佬抛出的"大数据助力计划经济"论，陈龙教授不得不委屈哈耶克"醒过来"，评述当年他尚未看到的数字经济。

借用"醒过来"的哈耶克的逻辑，陈龙教授在文章的结尾总结道："把人脑当作算法，就像对计划能力的信心，看似科学，其实低估了文明进化最大的动力。无论在过去的数万年中，抑或看得见的未来里，人类文明最有竞争力的进化机制，应当是最能够尊重个体碎片化、即时性的情感和追

[①] 弗里德里希·奥古斯特·冯·哈耶克（Friedrich August von Hayek）。

求美好生活的需求，最能够让所有的个体自发参与的机制。数字时代平台经济和共享经济的崛起，是这个机制巨大生命力的证明。历史教给我们的教训是，计划能力，包括人工智能的提升，最可能成为这个机制的促进者，而非替代者。"陈龙教授最后甚至告诫说："那些对计划（算法）能力深信不疑的人，或许应该回头重读《致命的自负》。"

也许陈龙教授感觉同时让两位大家（即哈耶克和科斯[①]）"醒过来"太过为难，他的那篇文章虽然涉及科斯，但对科斯思想的评价着墨不多。特别是，没有像对待哈耶克一样猜测科斯如果醒过来，"会怎样想数字经济？"

我们这里借用陈龙教授这一浪漫的想法，尝试讨论如果科斯"醒过来"，他会怎样想数字经济。

在猜测科斯如何想数字经济之前，我们要先了解一下科斯生前如何看待市场与企业，以及市场与计划之间的关系。

第一，在科斯看来，除了手工作坊式的以家庭为主的传统生产组织形式，还存在来自不同家庭的人共同组成的被称为"企业"的生产组织形式。与前者单纯依靠市场价格的变化决定生产的数量相比，企业是依靠权威命令与计划来完成资源配置的。现代企业借助权威命令与计划配置资源实现了交易成本的节省，成为生产组织的重要实现形式。科斯通过比较手工作坊与现代企业两种生产组织形式的交易成本，揭示了现代企业节省交易成本的内在机理。

我们看到，科斯在这里虽然涉及市场与企业关系的讨论，但其真实目的在于通过市场中两种生产组织形式的交易成本比较揭示现代企业内部是如何运作的，也即现代企业借助权威命令与计划配置资源实现了交易成本的节省。与其说科斯关心市场与企业的边界，不如说他关心的更为根本的问题是企业为什么会在市场中存在。因科斯的工作打开了企业这只新古典经济学中"利润最大化"的"黑箱"，科斯本人由此被认为是20世纪70

[①] 罗纳德·H.科斯（Ronald H. Coase）。

年代以来兴起的微观经济学分支——现代企业理论的鼻祖。

第二，在科斯看来，市场始终是组织生产的现代企业存在的基础制度环境，正是由无数现代企业和无数家庭作坊共同组成了现实中的市场。科斯十分清楚，这些组织生产的"岛屿"不管是现代企业还是家庭作坊，都无法离开市场这一"海洋"。只不过在现代企业"岛屿"上，依靠权威命令与计划"有意识"调节组织生产活动，但由无数个现代企业和家庭作坊构成的市场在汇聚过程中因超过了企业控制的边界而变得"无意识"，不得不依靠价格机制这一只"看不见的手"来自发调节组织生产活动。这事实上是科斯把企业描述为"无意识的海洋中有意识的岛屿"背后的原因。

在陈龙教授的文章中提及很多读者关注的"企业、市场和计划的边界在什么地方？"这类问题。由于历史上我国和其他一些国家曾采用计划经济，当提起计划，人们很自然地将其与作为中央计划者的政府，甚至市场经济时代政府所制定的具有计划色彩的产业政策联系在一起。如果我们把科斯为了揭示企业内部运作机理的市场和企业边界的确定错误地理解为市场与计划，进而市场与政府计划的此消彼长，显然是对科斯原意的曲解。事实上，在科斯的讨论中，政府显然是无足轻重的，因为在科斯看来，现代企业所需要的唯一基础制度环境就是市场。科斯的讨论既不涉及公共物品提供问题，又不涉及外部性问题，因而并不需要政府这只"看得见的手"的干预。科斯展开的市场与企业关系讨论，更多是选择现代企业还是家庭作坊的两种生产组织形式的比较，而非企业对市场的替代，当然更不是与企业生产组织形式相联系的"计划"，甚至计划背后的政府对市场的替代。在这一点上，科斯很好地承袭了芝加哥大学自由放任的经济学研究传统。

第三，在科斯看来，依靠权威命令与计划而非价格机制配置资源、组织生产的现代企业的出现，是企业家在市场制度环境下通过比较不同生产组织模式下交易成本而自发选择的结果。一方面，企业家需要充分考虑到采用权威命令与计划方式组织生产带来的交易成本的节省，从而计算收益的增加；另一方面，企业家需要意识到企业的边界并不能无限扩大，而是面临企业合理边界的选择问题。这事实上意味着做出上述选择的企业家需要具备两种基本能力。其一是面对市场中其他企业竞争的风险识别能力；其二是对企业经营失败的责任承担能力。我们所观察到的现实中的企业恰恰是由一个个盈利动机明确的企业家通过不断试错来逐步打造的。换句话说，看似有意识的企业"岛屿"最终是否能够生存，需要经过无意识的市场的检验。

在了解了科斯生前是如何看待市场与企业，以及市场与计划之间的关系后，让我们试着猜测，如果科斯"醒过来"，他会怎么想数字经济。

其一，基于技术的金融创新或基于金融的技术创新是有意识的企业在追求利润最大化过程中在无意识的市场中自发实现的，在无意识的市场海洋中，数字经济创新的主体始终应该是有意识的企业和居民个人。

让读者容易误解的是，数字经济快速发展，是否意味着政府凭借大数据带来的兰格[①]和哈耶克当年争论的"政府采用计划的信息瓶颈"的突破使计划重新有所作为呢？对于这一问题的回答对于我国当下维护金融稳定所强调的"脱虚向实"具有特别重要的现实意义。2017年10月，中国人民银行前行长周小川曾对中国堆积如山的债务，尤其是国有企业和地方政府的债务，发出警告。我们看到，国有企业的债务危机正如波兰经济学家科尔奈所说，是由对国企"父爱主义"的预算软约束所导致，而地方政府的债务危机则直接与违反科斯的告诫有关。毕竟虽然政府看起来与计划相联系，但组成政府的政府官员既不像企业家一样具有明确的盈利动机、风险识别能力，又不具有实质的责任承担能力，因而并不应该成为数字经济创新的主体。让我们想象，如果在次贷危机暴发前，美国政府一些官员并不简单凭借金融政策来迎合居民住房的需求，那么还会出现局面一度不可收拾的全球金融风暴吗？因此，未来的金融政策制定应该更加关注企业家围绕真实经营活动权衡收益、风险和成本所做出的融资决策这一真实的金融需求。做到了这些，自然就可以做到脱虚向实。

---

① 奥斯卡·R. 兰格（Oskar R. Lange）。

其二，数字经济发展可以降低市场存在的信息不对称，但无法替代市场经济制度的基本信息交换功能，更无法替代市场经济制度本身。正如陈龙教授指出的："在哈耶克眼中，所谓市场经济，就是一个信息处理系统，因为大量独立个体的参与，通过竞争中的价格发现机制，把各种有限、当地化、碎片化的信息汇聚，达到有效配置资源进行劳动分工的目的。"市场由此被奥地利学派经济学家认为是解决信息不对称的重要手段。现实中银行和券商等金融中介机构的存在不正是资金提供者（居民）与资金需求者（企业）面临的融资需求信息不对称的市场化解决方案之一吗？由于金融中介机构的存在，居民和企业围绕融资需求的信息不对称程度得以降低。正是在这一意义上，张维迎教授强调"不是市场（在解决信息不对称问题上）失灵，而是市场经济理论（因无法解释上述现象而）'失灵'"。

陈龙教授在他的文章中提到一种有趣的现象，即伴随着传统企业规模的扩大，新兴企业的生命周期却呈现缩短趋势。那么，如何解释这一现象呢？我们看到，传统企业规模的扩大依赖信息技术发展和计划性的提高是可以做到的，因为数字经济的发达会使企业的日常经营管理决策变得更加科学有效；但新兴产业的发展则必须依赖同时具有风险识别能力和责任承担能力的、不断试错的企业家，而大数据显然无法代替企业家的风险识别能力和责任承担能力。福特很早就说过，如果利用市场调查（当时的大数据）来研发生产产品，则很多调查者更希望看到的是"更好的马车"，而不会是"汽车"。如果我们把信息产业发展寄希望于中央计划者的计划或政府相关产业政策制定，而忽视了识别风险和承担责任的企业家这一有意识"岛屿"，进而市场这一无意识"海洋"的凭借和依托，将无异于缘木求鱼，难免重蹈"致命的自负"的覆辙。面对激烈的市场竞争，新兴产业的发展仍然必须依赖企业家来识别风险、承担责任，企业家依然是市场环境下十分稀缺的资源，我们要通过产权保护来大力培育企业家精神，使更多的优秀企业家涌现。因此，一个对待数字经济的正确态度是，我们应该重视其对金融创新和社会进步的巨大推动作用，但数字经济并不会成为政府计划和产业政策制定的合理凭借，更不会成为市场经济基础制度的替代。看上去很美的"大数据助力计划经济"论并不像消费者能切身感受到的网上购物和虚拟货币结算那样真实靠谱。

其三，数字经济虽然不能成为市场经济基础制度的替代，但技术可以成为获得有利的控制权安排的关键资源，使"有意识"的企业"岛屿"变得更加"有意识"。在《企业的性质》（The nature of the firm）那篇论文中，科斯除指出企业的边界是基于生产组织交易成本的比较外，还讨论了企业配置资源的实现方式，即依靠权威的命令和计划。随着现代经济学对企业理论认识的深化，今天我们将权威的分配更多地与企业控制权的安排联系在一起。简单回顾企业控制权安排的历史，在马克思看来，由于资本家对生产资料的占有，因而资本可以剥削劳动；而现代公司治理理论注意到由于经理人对私人信息的占有，因而劳动可以"欺骗"资本。我们看到，影响控制权安排的关键资源经历了从生产资料（资本）到信息，甚至到其他关键资源的转变。例如，阿里通过推出合伙人制度，实现了持股仅13%的阿里合伙人这一劳动对持股高达31%的软银和15%的雅虎的资本的雇佣。因而，未来不仅资本可以雇佣劳动，劳动同样可以雇佣资本。谁控制谁很大程度取决于资源的关键程度。而随着数字经济的发展，我们在此乐观地预见，技术同样并已经成为获得有利的控制权安排的关键资源。

循着科斯理解企业与市场边界的逻辑，我们相信，如果科斯今天"醒过来"，他在很大程度上会认为，数字经济有助于改善市场机制、降低信息不对称，但它并不能代替企业家的风险识别能力和责任承担能力，从而不能替代有意识的企业"岛屿"，当然更无法代替企业所置身的无意识的市场机制本身。因为在科斯看来，计划一旦脱离企业这一市场主体，离开企业家的风险识别能力和责任承担能力，就会变为建立在"无源之水、无本之木"之上的空中楼阁。

4.2 市场经济的演进与专业化分工

在揭示人类社会早期文明兴起的传统生产力发展理论中，始终绕不过去的一个内在实现机理就是社会大分工。伴随着人类社会从"鸡犬相闻，老死不相往来"的"男耕女织"的自然分工逐步演进到畜牧业、手工业从传统农业中分离出来的社会大分工，人类社会早期文明开始兴起。与社会大分工相伴而生的就是交换这一典型商业行为，而交换的物质载体——市场就随之应运而生了。

抛开抽象的生产力发展，总结人类社会文明演进的主线，我们看到，有以下两条重要主线。一条主线是专业化分工。所谓"干中学"（Learning by Doing）的专业化分工使得生产经验不断积累并实现效率提升。亚当·斯密（Adam Smith）在《国富论》中关于别针工厂的讨论对此多有涉及。

另一条主线则是市场经济的形成。专业化分工提高了社会化程度，每个家庭和企业通过市场这一无形的网络紧密地连接在一起。一个地区的专业化分工程度越高，该地区的市场就越繁荣；反过来，一个地区的市场越繁荣，该地区的专业化分工程度就越高。在家庭手工作坊集中、专业化分工程度高的地区则直接由于地理便利和人口集中等原因自然形成城市。如果说"城"只是一个地理概念，指的是用以保卫居住地的城墙，那么，"市"则是专业化分工的家庭和手工作坊交换的场所，也是一个城市必不可少的部分。在专业化分工程度不太高的农村地区则以庙会和赶集的方式满足交换的需求。在上述意义上，我国近年来积极推进的城镇化道路同样是市场发展的内在逻辑的体现。

这两条主线相互交织、相互促进，共同构成人类社会文明的演进路径。演进路径之一是产业之间不断加深的社会化分工程度。不仅在大的产业内部出现了各种细分产业。例如，围绕酿造业，我国明清时期出现了所谓的"六陈行"等六个细分行业，而且出现了专门从事贸易、互通有无的职业商人。

职业商人的出现是市场经济发育到高级阶段的产物。在明清时期，以晋商为主的旅蒙商号，利用连接蒙古地区和我国内陆地区的地理优势，因势利导，开展以茶叶和牲畜为主的贸易，创造了至今仍让人叹为观止的商业奇迹。他们把福建和两湖地区的茶叶以定制贴牌的方式销往蒙古地区和俄国，再以牧民赊销抵债的方式把蒙古地区盛产的牛羊马贩卖到我国内陆地区，乃至于在明清时期民间有这样的说法——"有麻雀的地方就有山西商人"。

这些不断细分的产业通过彼此交换，借助市场，形成庞大的社会网络，而专门从事贸易的商人成为这张无形的社会网络所连接的一个个节点。

演进路径之二是市场本身的专业化分工。一个标志是各种专业行会的出现。行会出现表示同时从事某种产品和服务的商户需要围绕这一细分市场交易的规则进行协商和沟通。市场专业化分工的另一个重要标志就是资本市场作为特殊的要素市场诞生。1602年，人类历史上第一家股份有限公司荷兰东印度公司诞生。在九年后的1611年，为了方便对公司经营不满意的股东退出，在荷兰东印度公司附近出现了人类历史上第一家证券交易所。

借助资本市场实现的权益融资，荷兰东印度公司在首次实现了"无抵押、无担保的陌生人的借贷"的同时，完成了职业经理人专业经营管理与外部资本分担风险的专业化分工。经济学家尼古拉斯·M.巴特勒（Nicholas M. Butler）教授对此评论道，为工业革命提供企业组织制度保障的现代股份公司是"近代人类历史中一项最重要的发明"，"如果没有它，连蒸汽机、电力技术发明的重要性也得大打折扣"。

让我们简单总结市场经济发展的内在逻辑。其一，借助市场实现的专业化分工带来效率提升；其二，通过市场价格波动的信息传递对供需进行自动调节；其三，上述两方面的客观效果是，在市场竞争中实现资源的有效配置和经济学上所谓的帕累托最优。概括而言，市场以自然的方式完成了对于人类文明社会进步至关重要的专业化分工。

提到基于市场形成的专业化分工的社会网络,一个不容忽视的影响因素是近年来互联网时代的来临。互联网极大地突破了市场的物理边界,使市场交易的时空得到极大的拓展。例如,身在北京的消费者可以足不出户下单购买以往只有在应季前往产地才能吃到的陕西富平的流心吊柿饼。这在之前是很难想象的,因为明清时期的旅蒙商号经营的只是易于保存的茶叶和可以移动的牛马羊等。

如果说之前每个人以家庭和企业为单位通过市场参与社会分工,那么互联网时代的来临则突破了家庭和企业的边界,使得每个家庭成员通过互联网参与社会分工。例如,一些企业的员工可以兼职做网约车司机,而一些家庭主妇在做自家晚餐的同时可以兼职做外卖餐食。

因此,市场经济的发展史本身就是一本极好的关于专业化分工的经济学教科书。

4.3 权威的角色与分工经济学下的企业理论重构

20 世纪 70 年代,在批评新古典经济学的厂商理论把企业仅仅描述为"利润最大化黑箱"或"生产函数"的基础上,逐步形成了一个被称为企业理论的新的经济学分支。其核心使命是揭示企业为什么会存在,以及企业是如何组织和运行的。而提出企业以权威命令与计划的方式代替市场价格机制这一"看不见的手"进行资源配置、实现交易成本节省的科斯被誉为现代企业理论的鼻祖。

这里自然产生的一个问题是,资源配置究竟是通过市场价格机制这一"看不见的手"引导,还是通过科斯指出的权威命令与计划的方式更能实现交易成本的节省?

让我们从科斯面临的困惑谈起。作为芝加哥学派的重要代表之一,科斯面临的两难是,他既要维护新古典经济学和芝加哥学派的自由放任,又不能无视以权威命令与计划的方式实现分工带来的交易成本的节省。

在科斯看来，除了基于市场交换，通过价格机制这一"看不见的手"自动调节的专业化分工，在企业内部，还存在以权威命令与计划方式完成的内部分工。科斯的交易成本理论并没有简单排斥企业内部分工和市场外部分工，也没有对二者"厚此薄彼"，只是强调企业的边界取决于两种生产组织方式（进而分工方式）产生的交易成本的比较。

从科斯的交易成本理论来看，我们得到的一个自然推论是，权威命令与计划下的内部分工的存在以节省交易成本为前提。然而，现实中存在一个悖论：一旦形成权威，权威主导的绩效评价往往偏离效率原则。因此我们并不应该期待权威存在下的企业必然带来交易成本的节省。这也许就是我们观察到的没有任何一家企业能够基业长青、长盛不衰，但市场的存在却亘古不变的原因。很多企业在经历了一段时间的快速扩张后，都在权威主导的绩效评价体系下，冗员充斥、人浮于事，最终走向衰败。

对于权威命令与计划下的内部分工偏离效率原则这一问题的克服，人类历史的经验表明，企业或者等待市场的"最终审判"（那些违反效率原则的企业终将面临马克思所谓的"惊险一跳"），或者按照市场的效率原则采用基于市场的专业化分工，即使存在权威，也要以符合节省交易成本为目标，服从效率原则。换句话说，这些企业应该以基于市场的深入专业化分工和市场分工，代替权威的内部分工和不分工。

而一些能够按照效率原则来进行专业化分工的企业通常离不开对科斯所说的权威的制衡。这种对权威的制衡体现在两个方面：一方面是在企业内部，代表股东诉求的董事会对经理人的制衡，并使盈利动机单纯，同时能够为做出错误决策以出资额承担责任的股东成为"公司治理的权威"；另一方面是在企业外部，需要依靠立法程序的专业论证，形成对监管权威的制衡。这些相应成为现代市场制度建立和完善的两个重要内容。其一是促使资源配置更加便利，以鼓励基于市场的自然专业化分工的市场制度；其二是无论来自企业内部还是外部，形成对权威的制衡，避免生硬的内部分工和乱分工，顺应效率原则的制衡制度。

我们需要充分认识到，权威的存在不是为了代替专业化分工，而是为了更好地实现专业化分工的最终目的——提升效率。

那么，如何从分工经济学的视角重构科斯的企业理论呢？也许我们可以把专业化分工经济学下的"企业"理解为企业内部分工与外部市场分工的边界，其核心是借助专业化分工实现效率的提升。原因是，我们在一定程度上把科斯所说的权威理解为管理职能从生产经营职能中分离，进而在企业内部实现的一种特殊的专业化分工。但我们强调，一个使企业长盛不衰的权威需要来自股东以及公司治理制度的有效制衡。

第 5 章 资本金融与货币金融的监管理念相同吗？

5.1 资本金融与货币金融的不同之处

众所周知，即使在美国，证监会主席同样是最具挑战的政府官员职位之一。名义上一届任期 5 年、可连选连任的美国证监会主席目前的平均任期仅为 2.7 年，与一届任期仅 4 年，可连选连任的美联储主席的平均任期（6.6 年）相比短得多。而在中国，很多人也疑惑为什么我国证监会主席主要从商业银行行长中产生，而不是从投资银行行长中产生。例如，一些网友相对专业地评论道，"虽然银行行长都是做金融出身的，但是中国金融一直没有把资本金融与货币金融区分开来"，而另外一些专业人士甚至用"虽然小米和大麦都是主食，但二者的差距就如同资本金融与货币金融的差距"来比喻货币金融与资本金融的差异。中国政法大学刘纪鹏教授更是一针见血地指出，"货币金融与资本金融根本就不是一回事，二者无论监管还是营运风格都完全不一样"。那么，货币金融与资本金融究竟有哪些差异呢？对这一问题的回答事实上与证监会主席所扮演的角色密切相关。

概括而言，作为提供融资服务的两种途径，货币金融与资本金融通常被简单称为间接融资与直接融资。对于两者的差异，我们可以从以下几个方面进行理解。

第一,在提供融资服务的组织形式上,货币金融的组织形式是企业(银行),而资本金融的组织形式是市场,因而二者的区别体现在企业和市场的差异。银行是提供信贷、结算和支付服务的特殊类型的企业,而在提供证券发行、流通和交易服务的市场平台,资本市场构成重要的要素市场之一。在资本市场,其资金供给方是各种机构和个人投资者,其资金需求方则为通过注册获准成为公众公司的发行各种证券(债券和股票)的企业。在科斯的观察中,企业正是由于通过权威命令与计划来配置资源,相比通过价格机制这一"看不见的手"来引导配置资源的市场,在一定边界内形成了交易成本的节省。这成为企业在现实经济生活中存在的理由和企业边界确定的依据。货币金融与资本金融之间存在的"企业与市场的差异"决定了我们对资本金融的监管要遵循市场的逻辑,而不能用针对企业采用的权威配置资源的思路来解决作为市场的资本金融的监管问题。一般教科书往往把银行和资本市场描述为一个企业直接或间接获得外部资金支持的两种融资途径,而忽略了上述最根本的企业和市场的差异。

第二,在投资收益上,货币金融获得的是合同收益,而资本金融获得的是所有者权益,因而二者的区别体现在合同收益和所有者权益的差异。银行和寻求资金的企业通过签订贷款合同确立信贷关系。一方面,银行需要按照合同要求定期向企业发放贷款;另一方面,企业需要在规定的时间内向银行偿还本金和利息。企业为了获得银行贷款,除了承诺到期偿还利息和本金,往往还需要向银行提供抵押和担保。其中一方违约,另一方将按照双方签署的借贷合同向法庭申请救济。到期无法偿还本金和利息的企业将面临银行发起诉讼、破产清算的风险。

与银行贷款通过合同和法律救济平等地保护合同双方的权益不同,购买企业股票的投资者是通过成为所有者(股东),享有受法律保护的所有者权益而完成法律救济的。容易理解,股东投入企业的资本并不像银行贷款一样,受到借贷合同条款中对资金使用用途和使用期限的约束,也无法获得相应的法律救济和保护。如果说提供资本的股东和企业也存在一种合同关系，那么，与借贷的完全合同（合约）相比，他们之间签署的是一种不完全合同。面对"除非董事会做出承诺，否则发放股利不是公司的一项义务"的不确定状态，鼓励外部投资者投资的唯一承诺是投资者将集体享有受法律保护的所有者权益。作为集体享有所有者权益的所有者，股东一方面以出资额为限对所做出的错误决策承担有限责任，另一方面在股东大会上以投票表决的方式对不完全合同中尚未规定的重大事项（如董事会组织、并购重组和重大战略调整等）进行最后裁决。在经济学中，前者被称为剩余索取权，后者被称为剩余控制权。这就是2016年诺贝尔经济学奖得主哈佛大学哈特教授等发展的不完全合同理论的核心观点。上述差异决定了同样是投资者，作为债权人的银行与作为权益所有者的股东，受法律保护和救济的理论和实践是完全不同的。

第三，在实现途径上，货币金融与资本金融的区别表现在前者需要风险控制，而后者表现为不确定性分担，因而二者的差异体现为风险控制与不确定性分担的差异。作为合同收益，虽然面临着未来无法按期偿还的风险，但银行不仅有条款详尽的完全合同作为法律裁决的依据，甚至还有企业为获得贷款向企业提供的抵押和担保，因而其风险水平可以通过基于以往类似情形统计推断形成的先验概率，甚至经过进一步贝叶斯后验修正而获得。美国经济学家弗兰克·H.奈特（Frank H. Knight）曾经对风险（Risk）和不确定性（Uncertainty）做了区分。简单地说，风险有统计规律可循，而不确定性意味着根本无统计规律可循，事先甚至无法进行规划。因而，在奈特看来，银行借贷行为所面临的风险是可以管理和控制的。[1] 而在不完全合同下企业未来经营出现的不确定性则不是可以通过简单的概率分布来描述和识别的，只能在集体享有所有者权益的股东之间进行分担。

上述差异决定了在风险控制（或不确定性分担）问题上，货币金融与资本金融循着两条完全不同的控制路径。前者凭借强大的风险管理团队与

---

[1] 郑志刚,2018.从明清蒙古聘礼看金融本质[J].中国金融,(22),104-105.

先进的风险管理理念和模型，经过努力可以将风险控制在合理的范围，而后者则只能通过不确定性的分担以及相应的公司治理制度激励管理团队来为股东创造最大的价值。

第四，在干预经济理念上，货币金融与资本金融的差异在于前者奉行凯恩斯主义，后者奉行新古典经济学的"守夜人"思想，表现为凯恩斯主义与"守夜人"思想的差异。针对市场存在的垄断、信息不对称、外部性和公共物品"搭便车"等问题，凯恩斯主义强调政府这只"看得见的手"通过货币和财政等宏观经济政策积极干预经济，纠正市场失灵。除作为企业的银行本身是以权威命令与计划进行资源配置的理念外，我们看到，银行在实际运行中不可避免地受到作为"银行的银行"的央行所奉行凯恩斯主义的影响，把货币、财政等宏观经济政策层层传导下去。作为对照，新古典经济学强调市场价格机制这只"看不见的手"对资源配置的调节作用，政府充当的是只有火灾发生时才能派上用场的"守夜人"。以米塞斯和哈耶克为代表的奥地利学派甚至强调，不是由于信息不对称导致市场失灵（进而需要政府干预），而是恰恰由于市场的存在，市场中的信息不对称程度大为降低。因而，市场不仅不是导致信息不对称，从而需要政府干预的原因，反而成为降低信息不对称程度的手段。例如，正是由于银行等中介组织的存在，资金需求方和供给方的信息不对称程度才大为降低，因而银行成为市场为了缓解信息不对称问题内生出来的组织形态。作为"守夜人"，市场监管者的重要职责在于维护市场秩序，确保买卖双方公平交易。

我们看到，由于货币金融与资本金融存在上述四个方面的差异，资本市场监管者必须正视货币金融与资本金融在组织形式、投资收益、实现途径以及干预经济理念四个方面的差异。对于资本市场监管者而言，有以下两点需要注意：

第一，资本市场公平透明交易比市值高低和牛市熊市更加重要，严格的退市制度比吸引独角兽企业回归 A 股更重要。长期以来，我国对证监会主席的部分考核制度与市值高低和牛市熊市挂钩。我们看到，上述实践一方面是商业银行管理思维下针对行长绩效考核的逻辑延续，另一方面则与我国金融教学和实践中将货币金融与资本金融二者有意或无意混淆起来，未进行严格区分有关。在一定程度上，中国资本市场发展过程中面临的很多困境是把资本市场像企业（银行）一样进行权威管理和政策干预的实践做法和教育理念的结果。

第二，从上市公司高管普遍不关心股价、蓝筹股估值偏低等实际问题出发，历史上监管当局数次出台政策鼓励上市公司进行市值管理。并购重组、分红送配、投资者关系管理、信息披露、大股东股份增持、上市公司股份回购、大宗交易、股权激励、员工持股等成为上市公司市值管理的常用工具。上述政策出台一定程度上扭曲了市场原本对一些上市公司根据自身状况灵活退出的提升价值举措的正确判断，不仅为一些上市公司以市值管理之名行股价操纵之实制造借口，而且给上市公司、投资者、监管当局，甚至资本市场的研究者带来诸多困惑。部分股票涉嫌"以市值管理名义内外勾结，通过上市公司发布选择性信息配合等新型手段操纵股价"等行为随后成为证监会对涉嫌市场操纵的股票立案调查的重点。①

5.2 传统金融学发展面临的困境

很长一段时间以来，在我国高校金融学科教育中占据主导地位的，仍然是在欧美学术界属于"宏观经济学"范畴的货币金融学。在欧美学术界被视为标准金融学的公司金融和资产定价仅仅被作为其开展宏观经济分析的基础。这种情况在我国一些高校中被美其名曰为"大金融"。在一定程度上，我们可以把上述金融学研究传统视为西方新古典综合派思潮与中国计划经济实践相结合的产物。然而，随着时代的变迁和新金融的蓬勃发展，传统金融学发展所面临的困境不言而喻。概括而言，传统金融学发展的困境主要来自以下三个方面。

---

① 郑志刚，2016.市值管理的"误区"与公司治理的回归[J].证券市场导报, (3),1.

第一，建立综合的、统一的学科体系的美好愿景和学科发展高度专业化分工的发展趋势背道而驰。20世纪五六十年代，以萨缪尔森等为代表的新古典综合派试图建立统一的新古典经济学分析框架。但萨缪尔森等所期待的"大经济学"这一梦想逐渐被微观经济学和宏观经济学分道扬镳、渐行渐远的无情事实所打破。我们知道，宏观经济学的逻辑出发点是市场失灵，其直接政策主张是政府用"看得见的手"对经济进行短期干预。原因是，在宏观经济学的鼻祖凯恩斯看来，"从长期看，我们都将死去"，而"我死之后哪管身后洪水滔天"。不同于宏观经济学，微观经济学信奉的是斯密的"看不见的手"理论。微观经济学家强调，追求利润最大化的企业，在完全竞争的市场条件下，将实现帕累托最优（一般均衡理论）。因而政府仅仅是防火的"守夜人"，只有在火灾发生后才能派上用场。我们看到，微观经济学是对正统新古典经济学的直接继承和发扬。20世纪70年代以来，微观经济学的重要分支——现代企业理论的发展遵循同样的逻辑。现代企业理论试图揭开企业这一"利润最大化黑箱"，以促使企业更加蓬勃地发展。毕竟，在经济学家看来，"企业最大的社会责任是创造利润"（弗里德曼语），需要自觉接受市场价格机制这只"看不见的手"的调节。事实上，随着学术研究专业化分工的深入，关注政府行为、如今"麻烦"不断的宏观经济学（罗默语）与关注企业行为的微观经济学分道扬镳、渐行渐远已成为一个不争的事实。微观经济学者和宏观经济学者已经越来越听不懂彼此的术语，就像内科的医生看不了外科的病一样，尽管他们都被称为医生。

在上述西方新古典综合派思潮下发展起来的"大金融"事实上面临着与"大经济学"同样的发展困境。传统上，所谓的货币金融学关注的是政府（央行）货币发行和货币政策制定，以实现宏观经济运行的平稳为目标；而所谓的公司金融和资产定价则围绕企业和居民个人的投融资活动展开分析，以实现企业价值最大化和居民个人的财富（效用）最大化为决策目标。随着对金融活动理解的深入，越来越多的学者意识到不能像经典理论一样把资金流动理解为一个从资本到更多资本（G→G'）的单纯货币现象，其原因是任何金融活动都离不开提出金融需求的企业和居民个人这一市场载体。而现实中的企业恰恰是由一个个盈利动机明确的企业家在不断试错的过程中逐步形成的。由于具有明确盈利动机、风险识别能力和责任承担能力的企业家在市场经济中不可或缺的地位，企业和居民个人（而非政府）成为开展金融活动和金融创新的主体。虽然政府看起来可以与计划相联系，但组成政府的政府官员既不像企业家一样具有明确的盈利动机、风险识别能力，又不具有实质的责任承担能力，因而并不应该成为金融活动与金融创新的主体。让我们想象，如果在次贷危机暴发前，美国政府一些官员并不简单凭借金融政策来迎合居民住房的需求，那么还会出现局面一度不可收拾的国际金融危机吗？如果在产业布局选择上，少一些产业政策的指引和扩张性财政支出的扶持，而是由企业家自发做出选择，那么我们会看到近年来供给侧结构性改革所反复强调的去产能、去杠杆吗？因此，在未来的金融政策制定上，我们应该更加关注企业家围绕经营活动权衡收益风险和成本的融资决策所反映的真实金融需求，而不是为了金融化而金融化，甚至使"央行成为印钞机"。做到了这些，自然就可以做到当前经济发展中特别强调的"脱虚向实"。

我们同时注意到近些年来货币金融自身关注重点的一些变化。在经历了后次贷危机时代"彻底埋葬凯恩斯主义"的思潮后，我们不得不惊呼，货币金融和宏观经济学开始变得"务实"了，不再那么"好高骛远"。货币金融学关注的重点开始从早期围绕经济增长的货币政策制定转变为目前更多地强调为经济发展创造稳定金融环境的货币政策制定。其背后原因同样是，人们越来越清楚，对于经济增长这一经济学研究的永恒主题，我们需要依靠被称为"经济增长国王"的企业家，而不是扩张性的货币财政政策和产业政策的制定。

第二，中国从计划经济向市场经济转型的完成使得企业和居民个人（而非政府）逐步成为金融活动和金融创新的主体和中心。货币金融学成为在我国占主导地位的金融学传统，一方面是受到 20 世纪西方新古典综合派思潮的影响，另一方面则与中国早期的计划经济实践密切相关。在计划经济时代，政府（中央计划者）是一切经济活动的中心。对于缺乏独立核算、指令性计划下的企业，"全国一盘棋"，所谓金融问题仅仅是从政府视角出发的货币财政政策制定。政府一方面通过货币政策制定来调动银行和居民的民间资源；另一方面则通过财政政策制定，以财政补贴甚至发行国债的方式调动政府的资源。金融学更多地被用来研究如何实现财政政策和金融政策之间的综合平衡。因而，金融与财政"不分家"成为一部分货币金融学者信奉的基本准则。我们看到，我国一些高校财政和金融"不分家"的教学体系和学科设置就是受到苏联计划经济学科发展思维和我国早期计划经济实践的直接影响，逐步形成并沿用至今。在经典教科书中，金融学关注的是抽象的从资本到资本的流动，用政治经济学符号表示，就是 $G \to G'$，而忽视了资本流动的载体是一个个充满生机的企业和鲜活的居民个人。

经过四十余年的改革开放，伴随着我国经济体制从计划经济向市场经济的转型，企业和居民个人正在成为市场经济的主体和中心。如果我们的金融内涵还停留在关注资本的抽象流向，就金融看金融，必然导致脱离围绕企业经营活动权衡收益、风险和成本所形成的真实金融需求，背离实体经济。

第三，货币金融和宏观经济领域的学者进行了不同的探索尝试，希望一改传统金融学的困境局面，但似乎收效甚微。围绕信奉货币金融的老一辈学者希望打通货币金融和公司金融、构造统一综合的"大金融"的美好愿景，新一代货币金融和宏观经济学者主要进行了以下几方面的尝试。其一，把公司层面的金融活动分析作为宏观经济分析的基础。这一尝试面临的问题是，围绕偏好迥异和约束各异的众多个体和组织活动进行加总无论在理论上还是实践中显然都并非易事。诺贝尔经济学奖得主肯尼斯·J. 阿罗（Kenneth J. Arrow）曾经提醒我们，由于个体偏好的差异，通过"偏好的简单排序和加总"并不可能得到一个社会总的需求函数,从而无法治定令社会上所有人获得剩余的价格。这在一定程度上意味着,市场这一无意识的海洋成为众多有意识的企业岛屿(科斯语)和居民个人连接的唯一途径。企业只需要有意识地创造利润,通过无意识市场海洋的"看不见的手"的自动调节,自然会实现帕累托最优。其二,与一些学者尝试模仿企业资产负债表建立国家资产负债表类似,一些学者最近试图借鉴公司金融资本结构选择理论的分析逻辑建立国家资本结构模型,按照他们的说法,"应用公司金融理论来分析国家的资本结构,并为货币经济学、财政理论与国际金融学提供一个新的统一的微观基础"。然而,上述做法面临的困境是,政府无法像公司一样,在有意识的岛屿中做出明确的投融资决策,国家资本结构模型仅仅是基于国民经济核算体系的微观主体决策的加总。如果仅仅把国家资本结构用于国际经验比较,上述工作也许还可以部分揭示国家发展阶段的特征。但它显然无法像我们通常所理解的一个追求价值最大化的公司通过权衡权益融资与债务融资的收益和成本来确定最优资本结构一样显而易见。退一步说,即使政府可以采用产业政策和目前更多用来维持金融稳定的财政货币政策来进行宏观调控,由于微观主体"上有政策,下有对策"的理性博弈带来的"宏观经济政策动态不一致性"(普雷斯科特[①]和凯基兰德[②]语),也未必能够收到预期的调控效果。因此,寄希望通过上述工作帮助一个国家选择最优资本结构,无异于缘木求鱼。

我们知道,现代金融学大厦建立的历史并不长,其标志是20世纪50年代两块基石的确立。基石之一是弗兰科·莫迪利安尼(Franco Modigliani)和默顿·H.米勒(Merton H. Miller)教授1958年发展的MM定理,揭示了财务经理如何选择最优资本结构;基石之二则是哈里·M.马科维茨(Harry M. Markowitz)和詹姆斯·托宾(James Tobin)教授发展的资产组合理论,告诉我们"不要把鸡蛋放在同一个篮子里"的分散投资理财

[①] 爱德华·C.普雷斯科特(Edward C. Prescott)。

[②] 芬恩·E.凯基兰德(Finn E. Kydland)。

方式。我们看到,标准意义上的金融学,无论公司财务还是资产定价,无一不是围绕企业和居民个人这些市场中主体的投融资活动开展研究的。受特定时期学术思潮影响和基于特定历史阶段实践形成的仅仅关注资本抽象流向的"与财政不分家"的大金融,不可避免地遭遇发展的困境,亟待遵循金融内涵的发展逻辑和符合时代特征要求的新金融破茧而出。

5.3 新金融语境下金融学内涵的"不变"与"变"

面对传统金融学发展的困境,新金融语境下的金融学应该具有怎样的内涵呢?

首先,基于技术的金融创新或基于金融的技术创新是有意识的企业在追求利润最大化过程中于无意识的市场中自发实现的;在无意识的市场海洋中,金融创新和金融活动的主体始终应该是有意识的企业和居民个人。现实中的企业是由一个个盈利动机明确的企业家通过不断试错来逐步创立的。由于看似有意识的企业岛屿最终是否能够生存,需要经过无意识的市场的检验,企业家需要具备明确的盈利动机、风险识别能力和责任承担能力。企业家在市场中的地位不可替代的一个明证是,伴随着传统企业规模的扩大,新兴企业的生命周期却呈现缩短的趋势。其内在原因在于,传统企业规模的扩大依赖信息技术的发展和计划性的提高是可以做到的,因为数字经济的发达会使企业日常经营管理决策变得更加科学有效;但新兴产业的发展则必须依赖同时具有明确盈利动机、风险识别能力和责任承担能力的企业家,而大数据的出现显然无法代替企业家的上述功能。在我国初步完成从计划经济到市场经济的转型后,脱离作为市场主体的企业和居民个人谈金融需要和金融服务,无异于"镜中谈花""水中论月"。而上述认识对于摆脱以往"为了金融化而金融化"、从货币到货币的研究范式的局限,"脱虚向实",使金融回归到更好地为实体经济服务这一主旨具有特别重要的现实意义。在上述意义上,以政府融资活动为主体的"大金融"和"与财政不分家"的金融都无法称为新金融。

其次,数字经济的发展虽然可以降低市场的信息不对称程度,但无法成为市场经济制度存在的基本信息交换功能的替代,更无法成为市场经济制度本身的替代。在反思2008年暴发的国际金融危机的思潮中,奥地利学派由于对市场内在机制的深刻认识而重新获得学术界的认同和重视。在奥地利学派看来,市场并非引起信息不对称,进而成为政府干预经济理由的"市场失灵"的原因。不仅如此,由于市场的存在一定程度上降低了不同个体和组织之间的信息非对称,因而市场反而成为解决信息不对称问题的重要手段。例如,需要外部融资的企业和进行储蓄的储户之间的信息不对称催生了金融中介服务的市场需求,而金融中介组织的存在反过来降低了资金供需双方的信息不对称程度;而当金融中介组织的运行效率不能有效满足金融市场对金融中介服务的质量要求时,包括支付宝在内的各种新的促使交易成本降低的支付手段应运而生,成为金融中介服务的新生力量。我们看到,正是通过市场价格机制这只"看不见的手"自动调节供求关系,实现不同个体组织之间的产品交换和信息交流,社会化大生产才能持续推进,最终带来市场中每个个体的福利改善。正是在这一意义上,张维迎教授强调"不是市场(在解决信息不对称问题上)失灵,而是市场经济理论(因无法解释上述现象而)'失灵'"。

大数据的出现无疑将改善市场"降低信息不对称"的功能,从而使日常经营管理决策变得更加科学有效。但由于其并不能构成具有明确盈利动机、风险识别能力和责任承担能力的企业家功能的实质性替代,因而大数据不会必然推动技术创新及制度创新。对于这一问题,福特很早就说过,如果利用市场调查(当时的大数据)来研发产品,很多调查者更希望看到的是"更好的马车",而不会想到"汽车"。原因是作为交通运输领域技术革命标志的蒸汽火车和汽车并非牛车和马车等传统运输行业基于大数据预测和创新的,而是来自看起来与其没有关系的纺织行业。如今进入千家万户、很多人须臾不离的微信同样不是由通信科技领域的传统企业(如中国电信和中国联通）基于大数据预测和创新的，而是来自最早从事计算机系统研发的腾讯；支付宝的发明同样不是由开展传统支付业务的四大国有银行基于大数据预测和创新的，而是来自作为电商平台的阿里。

出于同样的逻辑，即使有大数据的助力，中央计划者的计划或政府的相关产业政策制定也无法替代市场制度环境中具有明确盈利动机、风险识别能力和责任承担能力的企业家，因此，看上去很美的"大数据助力计划经济"论并不像消费者能确实感受到的网上购物和虚拟货币结算那样真实靠谱。面对激烈的市场竞争，新兴产业的发展仍然必须依赖具有明确盈利动机的企业家来识别风险、承担责任。无论过去还是现在，企业家都是市场环境下十分稀缺的资源，因而需要通过现代产权保护制度的建立和完善来大力培育。因此，对待数字经济的正确态度是：一方面，我们应该重视其对金融创新、社会进步的巨大推动作用；另一方面，我们需要清醒地意识到，数字经济并不会成为政府计划和产业政策制定的合理凭借，甚至成为市场经济基础制度的替代。

最后，对于确保投资者收回投资并取得合理回报十分重要的控制权安排，其决定因素经历了从生产资料（资本）到信息，再到技术等关键资源的转变。简单回顾企业控制权安排的历史，在马克思看来，由于资本家对生产资料（资本）的占有，资本可以剥削劳动；而现代公司治理理论则注意到由于经理人（劳动）对私人信息的占有，因而劳动可以"欺骗"资本。

公司控制权安排上的一个制度创新来自阿里在美国上市时推出的合伙人制度。以马云为首的阿里合伙人通过推出合伙人制度形成对阿里的实际控制。在一定意义上，持股仅13%的阿里合伙人这一"劳动"通过合伙人制度实现了对持股比例高达31%和15%的软银和雅虎的"资本"的"雇佣"。除了阿里的合伙人制度，一度被认为不利于投资者权益保护的具有不平等投票权的双重股权结构，由于在防范野蛮人入侵和鼓励创业团队进行人力资本专用性投资的独特作用，重新受到学术界的认同。例如，2014年在美国纳斯达克上市的京东同时发行两类股票，其中A类股票每股具有一票投票权，而 B 类股票每股则具有 20 票投票权。出资只占 20% 的创始人刘强东通过持有 B 类股票，获得 83.7% 的投票权，实现了对京东的绝对控制。当王石管理团队为万科遭遇"野蛮人入侵"、卷入股权之争而捉襟见肘、寝食难安、疲于应付时，"刘强东们"则可以心无旁骛地致力于业务模式的创新。我们看到，决定阿里和京东上述控制权安排的显然并非传统意义上的物质资本，而是阿里合伙人和刘强东等创业团队独特的业务发展模式所体现的人力资本。

如果说金融学的内涵在"创新的主体是企业和居民个人"和"市场经济是基础制度环境"这两个方面并没有随着新金融的快速发展而发生改变，那么，对控制权安排主要影响因素的认识则经历了从资本到信息，再到技术（人力资本）等关键资源的转变。这意味着未来对于新金融内涵的理解不能在简单局限于物质资本这种单一形态上，而应扩展到信息、技术乃至人力资本等其他关键资源。当然，在控制权安排的实现形式上，既可以是资本"雇佣"劳动，同样也可以是劳动"雇佣"资本。

5.4 新金融语境下公司治理理念的转变

尽管在新金融语境下，股票交易大厅可以关闭，但我们注意到，作为基本融资工具，权益与债务不同的融资实现路径并没有改变，股票作为有价凭证背后体现的所有者权益同样没有改变。投资者之所以愿意购买上市公司发行的股票，是因为公司向即将成为股东的投资者做出以下承诺：一方面，股东以出资额为限承担企业未来的经营风险；另一方面，股东则以投票表决的方式对资产重组等重大事项进行最后裁决。因而，股东享有的是所有者权益，它不同于债权人的（借贷）合同权益。虽然在新金融语境下，股票由早期的有价纸质票据（"看得见、摸得着"），变为现在以账户方式体现的电子有价凭证（"看得见、摸不着"），甚至未来虚拟化的凭证（"看不见、摸不着"），但持有人依然享有所有者权益的事实并不会发生改变。

由于这一公司治理存在的法律和制度基础在新金融语境下没有发生实质性改变，因而在新金融语境下公司治理问题依然存在。只不过面对传统金融学的发展困境，以及新金融语境下金融学内涵的"不变"与"变"，公司治理的理念需要相应做出转变。那么，在新金融语境下公司治理的理念应该做出怎样的转变呢？

第一，在控制权安排的实现形式上，既可以是资本"雇佣"劳动，也可以是劳动"雇佣"资本，这取决于进行专用性投资的关键资源。在学术界和实务界对控制权安排影响关键因素的认识经历了从生产资料（资本）到信息，再到技术甚至人力资本等关键资源的转变后，在控制权安排的实现形式上，既可以是资本"雇佣"劳动，也可以是劳动"雇佣"资本。因此，随着影响控制权安排的主要因素从狭隘的资本到广义的关键资源（资本、信息、技术）的转变，未来在控制权安排的实现形式上，不仅会存在传统的"同股同权"模式，而且会出现以不平等投票权为特征的双重以及三重股权结构股票，甚至允许阿里以合伙人制度的方式变相实现不平等投票权股票的发行。

第二，评价有效控制权安排的标准应该从传统的"股权至上"、仅仅强调对投资者权益保护，相应转变为能否有助于代理冲突双方（经理人与股东）从短期"雇佣"合约转变到长期合伙合约，实现合作共赢。当万科股权之争各方围绕"谁的万科"争得不亦乐乎时，阿里却看上去既是主要股东软银和雅虎的，同时也是通过合伙人制度实际控制阿里的阿里合伙人团队的，因而是属于大家的。阿里通过推出合伙人制度改变了以往"铁打的股东，流水的经理人"的经理人与股东之间的短期雇佣关系，而是建立了"铁打的经理人，流动的股东"，甚至"铁打的经理人，铁打的股东"这样一种长期合伙关系。从形式上看，软银等放弃了原本属于第一大股东的控制权，但通过放弃控制权，软银等从中赚得钵满盆满。因此我们需要颠覆以往的控制权安排"股权至上"、仅仅强调对投资者权益保护这一传统认识。与控制权相比，合作共赢显然更加重要。在一定意义上甚至可以说，控制权不是用来占有的，而是用来放弃的。这事实上是东方"舍得"智慧的极佳体现。

第三，公司治理的政策目标应该从缓解代理冲突、降低代理成本转变为专业化分工实现的效率改善与代理成本降低之间的权衡。"现代股份公司是人类的一项伟大发明"（巴特勒语）。由于现代股份公司的出现，资本社会化和经理人职业化所实现的社会分工带来的效率改善成为人类财富在过去250年实现垂直式增长的重要原因之一。虽然所有权与经营权分离实现的专业化分工带来的效率改善是现代股份公司的实质体现，但毫无疑问，二者的分离同时衍生出股东与经理人之间的代理冲突问题。阿道夫·A.柏利（Adolf A. Berle）和嘉迪纳·C.敏斯（Gardiner C. Means）在反思大萧条中现代股份公司所扮演的角色时，看到了所有权和经营权分离所产生的代理冲突构成对"过去三个世纪赖以生存的经济秩序的破坏"。迈克尔·C.詹森（Michael C. Jensen）和威谦·H.麦克林（William H. Meckling）进一步将公司治理的政策目标明确为缓解代理冲突，降低代理成本。然而，所有权与经营权分离产生的代理冲突仅仅是专业化分工衍生出来的副产品。如果说专业化分工是第一位的，那么代理冲突只是第二位的。显然我们并不能因为看到处于第二位的代理冲突存在的问题，而放弃处于第一位的专业化分工带来的效率改善的巨大收益。因此，未来对于公司治理政策目标的制定，我们既要看到现代股份公司所有权与经营权分离所引发的代理冲突，同时更要看到资本社会化与经理人职业化这一专业化分工所带来的巨大效率改善，努力实现专业化分工实现的效率改善与代理成本降低之间的平衡。如果我们把传统公司治理政策目标的出发点比作"零和博弈"，那么新金融语境下的公司治理政策目标的出发点应该是"合作共赢"。因此，公司治理未来不应一味地以"缓解代理冲突、降低代理成本"为政策目标，甚至像"防贼"一样限制经理人的一举一动。

如果按照上述公司治理政策目标重新审视阿里合伙人制度和京东双重股权结构股票发行背后的合理性，我们看到，把业务模式创新交给更具专业优势的创业团队，并通过认同合伙人制度或持有具有不平等表决权的A类股票来承诺对经营权尽可能少地干预，上述制度安排实现了创业团队经营管理决策与外部股东分担风险之间的深度专业化分工，带来了效率的改善。

第四，随着对企业家从"代理冲突的缘起"到"经济增长的国王"的认识转变，公司治理理论研究与实践需要实现从以经理人为中心到以企业家为中心的转变。

前面的分析表明，虽然数字经济的出现将改善市场"降低信息不对称程度"的功能，但它不会成为政府计划和产业政策制定的合理凭借，甚至成为基础市场经济制度的替代。毕竟组成政府的政府官员既不像企业家一样具有明确的盈利动机、风险识别能力，又不具有实质的责任承担能力，因而并不应该成为数字经济创新的主体。这使得企业家表面看起来像"代理冲突的缘起"，但实质却是"经济增长的国王"。面对激烈的市场竞争，新兴产业的发展仍然必须依赖企业家来识别风险、承担责任，企业家无论过去或现在都是市场环境下十分稀缺的资源。对于面对资源稀缺，以经济增长为永恒主题的经济学而言，公司治理研究未来需要从传统的以经理人为中心转变到以企业家为中心。未来我们同样需要在公司治理实践中通过现代产权和公司治理制度的建立和完善大力培育企业家精神，让企业家真正成为"经济增长的国王"。

第6章 社会责任必然成为"公司的目的"吗？

6.1 "公司的目的"究竟应该是什么？

2019年8月19日，由苹果、百事可乐、摩根大通与沃尔玛等全球知名企业共同参与的美国工商团体"商业圆桌会议"（Business Roundtable）发表了题为《公司的目的》的宣言。该宣言鼓励企业界摒弃数十年来的惯例，并强调，除应该在维护股东利益方面进行投入外，也应该在改善员工福利与教育培训，以及环境保护方面进行投入，并且公平对待合作的供应商。宣言称："我们每个企业都有自己的企业目的，但我们对所有利益相关者都有着共同的承诺。每个利益相关者都至关重要，我们致力于为所有公司、社区和国家的未来成功创造价值。"这项宣言获得美国188位全球知名企业CEO的联合签署。

诺贝尔经济学奖得主约瑟夫·E. 斯蒂格利茨（Joseph E. Stiglitz）在题为《"利益相关者资本主义"真的又回来了吗？》的文章中对此评论道："商业圆桌会议全体成员签署支持利益相关者资本主义的声明，引起了相当大的轰动。毕竟，这些人都是美国最具影响力企业的CEO，他们告诉美国和全世界，商业仅有底线是不够的。这是一个巨大的改变。或者说，这是一个巨大改变吗?"

而另一位诺贝尔经济学奖得主迈克尔·A. 斯宾塞（Michael A. Spence）在题为《"股东至上"的终结？》一文中同样指出，"商业圆桌会议的宣言是向多利益相关者模式迈出的重要一步"。他甚至还认为，"尽管向多利益相关者模式的转变对于在其他社会目标中取得进展是必要的，但这显然还不够"，"单靠企业无法解决人类最紧迫的全球性问题。企业需要政府的支持，政府有责任为多利益相关者模式的企业创造空间，提供工具，帮助企业最大程度地发挥其积极的社会影响"。

那么，我们究竟应该如何评价这一在斯蒂格利茨看来"引起了相当大的轰动"和在斯宾塞看来"迈出的重要一步"的商业圆桌会议宣言呢？进一步地，如果我们回到宣言涉及的实质问题，像这次商业圆桌会议宣言的题目那样，那么"公司的目的"究竟应该是什么呢？是以股东为中心，还是以利益相关者为中心？

应当说，类似通过发布商业圆桌会议宣言来鼓吹"以利益相关者为中心"的活动在历史上并不是第一次，当然也不会是最后一次。早在20世纪60年代，时任美国通用电器CEO拉尔夫·J.科迪纳（Ralph J. Cordiner）强调，"作为受托人，高层管理者的管理责任是在股东、客户、员工、供应商、社区的利益之间实现平衡"。

20世纪80年代迎来了利益相关者理论发展的高峰。包括青木昌彦、玛格丽特·M.布莱尔（Margaret M. Blair）等在内的一批学者利用现代合作博弈等成熟理论与分析工具，发展利益相关者理论。他们的核心政策建议是，既然企业的经营决策影响到所有利益相关者，经理人就应该向所有利益相关者负责，而不能只向股东（一部分利益相关者）负责。

在上述理论的影响下，1990年美国宾夕法尼亚州议会通过了利益相关者中心导向的"36号法案"（Pennsylvania Senate Bill 1310）。按照该法案，"董事以最有利于公司利益的方式行事，他们无须把任何特定的人群（包括股东）的利益作为公司的主导或控制利益。除非在仔细调查后有清楚和富有说服力的证据表明决策不是出于善意制定的，利益无关的董事所做出的任何决定都被假定符合勤勉标准的要求。同时，除非有欺诈行为和内部交易，董事无须对他们所做的行为负责"。

这一法案通过后，《华尔街日报》发表评论称这是"一个丑陋的立法"，而《费城资讯报》则认为"这一法案并不是为本州的商业利益而精心设计的，而是为了保护阿姆斯特朗世界工业公司（Armstrong World Industries Inc.）和其他几家面临被兼并的公司"。1990年10月15日，有99家公司宣布退出至少部分条款，这些宣布退出的公司占在该州注册上市的公司总数的33%；在该州注册上市"标准普尔500指数"组成公司中，有56%宣布退出，而《财富》世界500强企业中的这一比例则高达61%。

从美国宾夕法尼亚州公司法修改的案例中，我们不难看出，在历史上，利益相关者论甚至比2019年的商业圆桌会议发布宣言和顶级企业CEO联合签署走得更远。我国学术界在20世纪90年代中后期围绕公司治理究竟应该是股东中心导向还是利益相关者中心导向，同样展开了激烈持久的学术争论。芝加哥大学让·梯若尔（Jean Tirole）教授曾经指出，"毫无疑问，绝大多数经济学家并不反对鼓吹利益相关者中心导向的学者和实践者所提出的目标。一个科学的争论焦点应该集中于如何实现这些目标，而不是这些目标本身"。不得不说的是，尽管这些优秀的学者和顶尖企业CEO对利益相关者中心导向的理论描述和政策宣示可以说是"美仑美奂""惊艳动人"，但它面临的最大问题是在公司治理实践中实施的困难。

第一，在利益相关者利益冲突的背景下，谁能为做出错误决策承担责任就成为相互冲突的利益"分割"的关键。2016年，诺贝尔经济学奖得主哈特从投资者与现代股份公司签订的合同不完全这一事实出发，发展了现代产权理论，揭开了投资者愿意成为股东的"现代股份公司之谜"。简单地说，投资者之所以愿意成为股东，是因为现代股份公司向其承诺，投资者在成为股东后将享有所有者权益，有权对资产重组、战略调整等不完全合同中尚未规定的重大事项，以在股东大会上投票表决的方式进行最后裁决。

所谓的"所有者权益",或者说"现代产权",在哈特看来,应该包括以下两重含义。其一是剩余索取权,即成为所有者的股东,其受益顺序排在债权人、员工、供应商等合同受益者之后,并以出资额为限承担有限责任。这是股东成为所有者需要履行的义务。其二是剩余控制权,即股东有权对(不完全合同中尚未规定的)重大事项以在股东大会上投票表决的方式进行最后裁决。这是股东成为所有者可以享有的权利。我们看到,股东享有剩余控制权的前提是他牺牲了在公司分配剩余时优先获得补偿的权利,成为剩余索取者,进而能够为自己可能所做出的错误决策承担责任。上述产权安排很好地体现了权利与义务匹配的原则。

一些利益相关者论的支持者也许注意到了剩余控制权安排向股东倾斜的这一"不公平""不平等"的事实,但股东的受益顺序排在其他利益相关者之后,默默承担经营的风险,这对于股东而言,难道不也是一种"不公平""不平等"吗?我们也许并不应该只看到剩余控制权分配的"不公平""不平等",而选择性地忽略其后剩余索取权分配的"不公平""不平等"。

通过投资成为股东的投资者不止一位。一位股东持有的股票越多,意味着未来承担股份公司经营失败的风险就越大。因此,为了使权利与义务得到很好的匹配,股东在对股份公司的所有者权益集体所有的基础上,按持有股份数量的多寡以投票表决的方式对公司重大事项进行最后裁决。"三分之二多数通过原则"在各国公司法实践中被广泛采用,很大程度上同权利与义务匹配的认识理念有关。

我们看到,正是基于哈特教授以来学术界形成的对享有剩余索取权和剩余控制权的股东作为公司治理权威的内在认识,在公司治理实践中,以施莱弗和罗伯特·W. 维什尼(Robert W. Vishny)教授为代表的主流公司治理理论强调,公司治理的目标是"确保投资者按时收回投资,并取得合理回报"。弗兰克·H. 伊斯特布鲁克(Frank H. Easterbrook)和丹尼尔·R. 费雪(Daniel R. Fischel)曾经指出,"把环境污染,以及其他道德、社会问题看作治理问题本身误导了公司治理的正确方向"。

相信很多读者会有一种错觉——我们之前之所以强调资本重要，形成以股东为中心的治理模式，是因为以往资本具有稀缺性。而目前似乎这一态势已得到根本扭转，人力资本与物质资本相比似乎变得更加稀缺。因此，一些读者想当然地认为，如果在资本稀缺时我们应该用资本雇佣劳动，那么在人力资本稀缺时，我们是不是应该用劳动雇佣资本？

前面的分析表明，股东成为公司治理的权威不是由于资本在众多生产要素中是稀缺的，而是由于只有它才能为自己的行为真正负责，实现权利和义务的匹配。这事实上是美国宾夕法尼亚州通过36号法案后，大量企业宣布退出的内在原因。股东投入企业的资本由此成为一个公司之所以成为公司的根源，而离开股东的投资，公司即成为"无源之水""无本之木"。如果连公司都不存在了，对其他利益相关者利益的保护又从何谈起呢？！

第二，向所有利益相关者负责为经理人不向任何人负责提供了借口，加剧了经理人的道德风险倾向，甚至成为一些公司内部人控制问题出现的制度诱因。乔纳森·R.马塞（Jonathan R. Macey）和杰弗里·P.米勒（Geoflrey P. Miller）曾经指出，经理人所负有的诚信责任只有被某一利益相关者独有，而不是被所有利益相关者共享时，诚信的价值才能得到很好的体现。我们知道，由于不同利益相关者的利益并不一致，当损害一类利益相关者的利益时，经理人完全可以以保护另一类利益相关者的利益为借口，而不向任何人负责。例如，同样作为利益相关者，银行储户和贷款人的利益变化方向完全相反。银行经理人可以宣称为了保护储户的利益而提高贷款利率，从而使贷款人的利益受到损害；或者，银行经理人也可以宣称为了保护贷款人的利益而降低存款利率，从而使储户的利益受到损害。通常而言，经理人决策所涉及的利益相关者越多，经理人实际决策的自由度就越大；对所有人负责，可能意味着对任何人都不需要负责。经理人往往由此成为利益相关者中心导向下的公司治理实践的最大受益者。在上述意义上，我们有理由相信，尽管并非每一位CEO都能充分意识到利益相关者论的潜在危害，但至少在本能和直觉上他们大多不会反对这一看上去对自身利益并无直接损害的宣言。

我们看到，上述利益相关者中心导向政策实施的困难很大程度上成就了股东中心导向在公司治理实践中的基础地位。正像亨利·B. 汉斯曼（Henry B. Hansmann）和雷尼耶·H. 克拉克曼（Reinier H. Kraakman）教授曾经指出的那样，"尽管在治理体系、股权结构、资本市场和商业文化上，不同国家之间存在显著差异，但公司法在基本形式上表现出高度的一致性——股东优先在公司意识形态中处于不可动摇的地位"。哈佛大学施莱弗教授领导的法与金融团队研究表明，在法律对投资者权益保护好的国家，金融发展水平高，经济增长速度快。这为以股东为中心的公司治理实践提供了直接的证据支持。

我们认为，无论是20世纪60年代提出利益相关者问题的通用电气CEO科迪纳，还是近年来借助商业圆桌会议再次发出利益相关者利益保护宣言的188位全球知名企业CEO，很大程度上只是发出在公司治理实践中不应忽视其他利益相关者利益的一个善意提醒和美好愿景。事实上，彼得·F. 德鲁克（Peter F. Drucker）很早即开始倡导企业在商业实践中应该向员工提供工作安全保障和训练设施等。德鲁克对此解释道，这样做将有助于企业建立公平声誉，由此可以吸引更优秀的员工，使员工与企业建立长期合作关系，实现合作共赢。德鲁克特别强调的是，这与传统股东中心导向的公司目的并不矛盾。

在2018年香港地区完成上市制度改革和2019年上交所科创板开板、允许发行AB双重股权结构股票的背景下，在今天依然坚持股东中心导向的治理范式在理论与实践中一个不可回避的问题是，如何合理解释上述转变带来的挑战？例如，2014年在美国上市的阿里，马云和他的创业团队组成的合伙人虽然持股比例远远低于持股31%的软银和持股15%的雅虎，却集体成为阿里的实际控制人，看似实现了劳动对资本的"雇佣"，不再是"股权至上"。

需要说明的，即使在"同股不同权"构架盛行于新经济企业的今天，由于所具有的独一无二的责任承担能力，股东作为公司治理的权威，其地位也并没有在根本上受到动摇。股东的权威性集中体现在股东大会作为公司最高权力机构的法律地位和公司法对股东相关权益的保护。在发行 AB 双重股权结构股票的公司中，"同股不同权"也只是投票权权重向创业团队倾斜，但并没有改变股东大会作为公司最高权力机构的法律地位；即使在阿里，合伙人对阿里的集体实际控制也是取决于阿里合伙人与主要股东之间达成的股权协议。换句话说，如果没有主要股东的认同和背书，阿里合伙人并不能实现对阿里的实际控制。

同样重要的是，把业务模式创新的主导权交给创业团队，并不意味着主要股东对控制权的完全放弃。伴随双重股权结构股票的发行，一个公司往往会推出严格的"日落条款"，以保证控制权在创业团队与主要股东之间状态依存。这意味着，如果创业团队能够带来预期的投资回报，控制权仍由创业团队掌握；如果未能带来预期的回报，控制权将可能从创业团队重新回到股东手中。

因而，围绕"同股不同权"构架在新经济企业中流行的现象，我们真正应该关注的问题是，这些股东为什么会心甘情愿地放弃原本属于他们的公司控制权？在第四次工业革命浪潮发生，创业团队与外部投资者围绕业务模式发展的信息不对称加剧的背景下，我们注意到，一些公司通过发行投票权权重倾斜的股票，把股东并不熟悉的业务模式创新主导权交给深谙此道的创业团队。由此，创业团队和主要股东实现了从之前短期雇佣合约向长期合伙合约的转变，深化了社会化的资本和职业化的经理人之间的专业化分工程度。管理效率提升后的合作共赢事实上才是这些股东心甘情愿地放弃控制权的真正原因。换句话说，这些股东之所以"放权"，是因为把控制权交给那些比他们更加熟悉业务模式创新的人手中能够帮他们赚到更多的钱。

虽然上述讨论表明，"同股不同权"构架在新经济企业中的流行并没有从根本上动摇以股东为中心的治理范式在公司治理实践中的基础地位，但并不必然意味着在公司治理实践中可以忽略对其他利益相关者利益保护的重视。政府和社区等所提供的公共物品性质的基础设施等，主要依靠税法透明、执法公平下的企业依法纳税；客户、员工和供应商等的权益保护则主要依靠在合同中双方的意思认同的一致、合同的严格履行和事后的法律救济。而"同股不同权"构架在新经济企业中的流行一定程度上表明，在以股东为中心的治理范式下，我们不仅应该，而且能够对传统职业经理人这一重要利益相关者的利益加以重视和做出调整。在上述意义上，我们更倾向认为，2019年商业圆桌会议宣言的发布只是向社会公众发出的不应忽视其他利益相关者利益保护的又一次善意提醒和美好祝愿。

我们注意到，由于利益相关者论的"普惠"观点往往迎合了包括客户、员工、供应商、社区和政府在内的社会各阶层中的大多数，政治的正确使得利益相关者论极具魅惑性和鼓动力。从历史来看，几乎每隔那么一段时间，利益相关者论就会出现一次不大不小的回潮。需要说明的是，利益相关者论的相关观点在从计划经济向市场经济转型的我国尤其受到欢迎。20世纪90年代中后期我国学术界为此展开的激烈争论正是在上述背景下发生的。其实，在现阶段，我国上市公司的公司治理面临的最重要的问题是如何规范，而对股东的尊重和股东权威地位的确立恰恰是规范公司治理的开始。

商业圆桌会议发布的宣言承诺将给予员工公平的薪酬、为员工提供重要的福利与培训教育。该宣言同时宣示将采纳生态可持续的方式保护环境，以及促进职场环境的多元与融合，捍卫每一位员工的尊严及保证他们得到应有的尊重。我们注意到，由众多顶尖企业CEO联合签署的商业圆桌会议宣言只是基于对利益相关者利益保护的重视进行了公开宣示，但并未在宣言中提及任何行动计划。也许，这次联合签署仅仅是表明公司治理需要平衡股东与其他利益相关者利益，强调在以股东为中心的公司治理传统实践中不应该忽略对以往被长期忽视的员工和客户等利益相关者利益的保护；

也许,他们同样意识到,利益相关者论只是向社会各阶层描绘了一幅美轮美奂的图景,发表联合签署的宣言可以,但制订可实施的具体行动计划却并不那么容易。

6.2 作为愿景与理念的 ESG 概念

ESG 是由环境(Environment)、社会责任(Social Responsibility)和治理(Governance)三个单词的英文首字母组成的强调企业保护环境和社会责任履行的概念。如果对 ESG 概念进行理论溯源,它可以归于反对"股权至上"的利益相关者论。利益相关者论强调公司董事应该向雇员、客户、供应商、社区和政府负责,而不是仅仅向股东负责。但利益相关者论"扩大的责任范围"和"无法落实的责任"为有效实施带来困难。长期以来,利益相关者论仅仅停留在理论阶段,而无法付诸实践。相比较而言,在利润分配时受益顺序排在最后的股东却可以用出资入股的"真金白银"为自己在股东大会上所做的最后裁决承担相应责任。因而,各国公司法普遍规定董事应该向股东负有诚信责任,股东成为公司治理的权威,没有严格履行诚信责任的董事将受到股东的集体诉讼。

那么,ESG 概念为什么近年来大热?至少在我看来,这一现象是资本市场、公众舆论和公共政策制定者在寻求"最大公约数"过程中共同推动的结果。

ESG 概念可谓并非公司治理领域的主流理论——利益相关者论的升级版。在升级版中,ESG 概念不再像利益相关者论那样过多地强调雇员的责任,因为雇员会受到劳动法和理论上的工会保护;也不再过多地强调客户,因为客户会受到合同法的保护。更加重要的是,无论雇员与客户,其实只有与股东"合作",才能实现"合作共赢"。

经过利益相关者论升级的 ESG 概念在去掉了责权无法匹配的雇员和客户后,保留了似乎与每个人的关系,因而每个人都没有理由反对"环境"

保护和"社会责任"承担。出于寻求共同利益的目的，容易理解，当经济停滞、市场低迷时，对于缺乏好的题材和元素的资本市场，绝大多数人不会反对环境保护和社会责任承担，因而 ESG 概念就成为合适的题材。

类似的例子是，制度、文化与价值观并不完全相同的两个国家在寻求国际合作时，有限的选项往往只能是环境和公共卫生等。这就如同两个生活在民生问题堪忧的 20 世纪 60 年代的陌生人见面往往问候对方"吃了吗？"，而在 21 世纪，两个陌生人见面可能会聊"今天的天气如何？"

在上述现实背景下，2019 年美国商业圆桌会议成员 188 位全球知名企业 CEO 共同签署了《公司的目的》宣言，为新一轮利益相关者论的兴起背书。诺贝尔经济学奖得主斯蒂格利茨和斯宾塞教授都为此发表了相关评论。

而 2020 年新冠疫情的暴发使人类命运变得息息相关，加剧了对环境保护这些人类共同面对的问题的现实诉求。我们看到，正是在资本市场、公众舆论和政策制定等多方的共同推动下，经过传统上并非公司治理主流理论的利益相关者论升级后的 ESG 概念如今再次大行其道。

事实上，就在今天媒体、公众和学术界热衷于传播 ESG 的理念和实践时，学术界依然不乏头脑清醒的学者。其中的代表之一是纽约大学商学院的埃斯瓦斯·达莫达兰（Aswath Damodaran）教授。他在博客上对 ESG 概念进行了系统全面的批评，可以概括为以下四个方面：① ESG 概念评价标准不统一，不同评级机构给出的评分相关性很低；②质疑 ESG 概念承诺的好处；③质疑 ESG 概念宣传者的动机，因为 ESG 概念的倡导者、评级机构、投资基金和顾问更可能从 ESG 概念中受益；④质疑 ESG 概念下强加的道德准则。他甚至把 ESG 概念的鼓吹者称为"道貌岸然且傲慢的傻瓜"（Sanctimonious and Arrogant Twits）。

在理论上，尽管是利益相关者论的升级，但 ESG 概念在强调企业广泛的责任上并没有实质的改变，这使得企业依然不得不处于多目标的决策环境，甚至不可避免地在一些目标之间存在利益冲突。

目前，那些积极鼓吹 ESG 概念的学者和媒体试图建立如下实现机制链条：企业积极履行社会责任，保护环境，将使企业树立良好的公众形象，由此给企业带来更多的回报。但从经验上看，往往是那些盈利状况可观的企业才更容易履行社会责任，因此，究竟是一家企业因履行社会责任而树立良好形象进而从中获利，还是良好的盈利状况允许企业履行更多的社会责任，甚至是一家卓越的公司同时会关注创造利润和社会责任履行？因而，这些实现机制链条至少从目前的经验证据看不够清晰和令人信服。

在我看来，一个关于ESG概念的有趣研究，也许是比较一家企业通过创造利润纳税来间接履行社会责任与直接履行社会责任，哪种方式更有效率的问题。

过度强调ESG概念有两方面的潜在恶果。其一是容易淡化企业的税收责任。早在20世纪70年代，芝加哥大学的弗里德曼教授曾经指出，"创造利润才是一个企业最本质的工作"。我愿意在弗里德曼教授这句话的基础上再加一句话——如果企业确实需要履行社会责任，增加税收才是一个企业最大的社会责任。如果要求一个甚至没有创造利润和缴纳税金的企业去奢谈社会责任，这似乎不仅是舍本逐末，而且是缘木求鱼。

其二是容易淡化政府作为公共物品提供者的责任。我们知道，提供容易产生搭便车问题的公共物品，是政府向纳税的公民和企业做出的基本承诺和政府存在的现实理由之一。如果环境保护责任都由企业来履行，那公民和企业纳税的意义何在？政府存在的意义何在？容易理解，在ESG概念的推广过程中，政府通常不仅不会反对，反而会予以鼓励。

其实，强调社会责任、鼓励环境保护的ESG概念作为一种愿景与理念并没有错，甚至非常合适，但它需要由企业根据长期发展战略与短期经营目标的平衡做出选择，而不应成为企业类似于纳税的责任。毕竟，增加税收才是一个企业最大的社会责任。

6.3 如何借助市场进行专业化分工？

近年来，无论在国内还是国际的企业实践中都逐步出现了以权威命令与计划的方式强化内部分工的趋势。例如，从环境保护等公共利益出发，企业不仅需要完成提供产品和服务、创造利润的本分，而且还需要积极履行公益捐赠等社会责任。这使得企业不得不置身于利益冲突的多任务（Multi-task）的内部分工环境中，往往"既要……又要……还要……"。

对于近年来出现的强化企业内部分工，甚至以企业内部分工代替基于市场的自然分工的趋势，我们也许可以从以下三个方面来解读其原因。其一是新古典综合派对政府"看得见的手"干预的过度衍生。新古典经济学强调，追求利润最大化的企业，在完全竞争的市场条件下，将实现帕累托最优（一般均衡理论）。因而政府仅仅是防火防盗的"守夜人"，只有在火灾盗抢发生后才能派上用场。针对外部性、垄断以及信息不对称导致的市场失灵，宏观经济学家主张政府用"看得见的手"对经济进行短期干预。20世纪五六十年代以萨缪尔森等为代表的新古典综合派，试图建立统一的新古典经济学分析框架。既然宏观经济运行都不得不借助政府"看得见的手"的干预，更何况按照科斯的交易成本理论本身就存在权威的企业呢？而且通过权威直接把政府宏观经济调控和社会管理的意图传递给企业，利用企业的内部分工加以实施，不是更直接、更有效了吗？

其二，负责提供公共物品的政府的责任逃避。政府在经济生活中存在的现实理由之一是通过向每个公民和每家企业征税，承诺向公民提供由于具有非排他性与非竞争性而容易产生搭便车问题的公共物品。通过将环境保护责任以履行社会责任的方式转嫁给企业，政府自然可以减轻其作为公共物品提供者的职责，减少公众对其没有兑现承诺的批评。

其三，政治正确与公共舆论的误导。ESG概念近年来大热是资本市场、公众舆论和公共政策制定者在寻求"最大公约数"过程中共同推动的结果。

我们主张，既然当下我国重视全国统一市场的建设，强调市场在资源配置中起决定性作用，就要充分认识和重视市场建设背后的专业化分工的逻辑和效率原则，以及相应的企业市场制度建设。我们能否把更多具有公共物品属性的产品和服务通过政府负责提供公共物品、企业负责纳税这一专业化分工来完成，以代替目前企业既要创造利润、缴纳税金，又要积极保护环境、履行社会责任的现状。当然，企业的任何商业行为应以不触犯与环境保护等相关的法律法规为前提。毕竟，芝加哥大学的弗里德曼教授曾经指出，"创造利润才是一个企业最本质的工作"。

其实，在很大程度上，做到了鼓励和促进专业化分工，自觉尊重效率原则，就自然完成了全国统一市场的建设。

第三篇
数字时代资本监管理念的创新

第7章 从"从严监管"走向"合规治理"

7.1 资本扩张的"序"究竟在哪里?

一段时期以来,防止资本无序扩张这一新的提法进入资本监管实践的政策目标中。那么,资本扩张的"序"究竟在哪里呢?

第一,对资本不同属性的深刻认识。

在对资本无序扩张展开论证时不可避免地会涉及对资本属性的讨论。马克思在《资本论》中提到,"资本来到世间,从头到脚,每个毛孔都滴着血和肮脏的东西",以及"如果有10%的利润,资本就会到处被使用;有20%的利润,资本就能活跃起来;有50%的利润,资本就会铤而走险;为了100%的利润,资本就敢践踏人间一切法律;有300%以上的利润,资本敢犯任何罪行"[①]。我把上述视角下的资本称为"经典主义的资本"。

但如果对资本属性进行深入了解,不难发现,现实中的资本既有"经典主义的资本",也有"长期主义的资本"。沃伦·E.巴菲特(Warren E. Buffett)的资本就是长期主义资本的典型。巴菲特多年来和他的老搭档查

---

① 马克思.《资本论》第一卷. 中共中央马克思恩格斯列宁斯大林著作编译局,译. 人民出版社,2004年,第836页.

理·T. 芒格（Charlie T. Munger）每年仅从伯克希尔·哈撒韦公司（Berkshire Hathaway Corporation）（以下简称"伯克希尔"）领取 10 万美元的固定年薪，全球赫赫有名的伯克希尔的总部只是奥马哈一栋大厦第十四层的半层，而且一租就是 50 年。这意味着在现实世界中，既可能存在"经典主义的资本"，也可能存在"长期主义的资本"。

如果我们对资本发展的历史稍有了解，就会发现，那些看起来抑制资本扩张、强调平衡发展的概念，例如"利益相关者理论"和近年来十分火热的 ESG 概念是最先由资本提出的。

上述事实提醒我们，也许经典主义关注的资本属性不是引发资本"无序"或"有序"扩张的根本原因。我们真正需要思考的是什么样的市场制度和法治环境导致同样的资本或者奉行长期主义，或者奉行经典主义。

第二，金字塔式控股结构下形成的资本系族也许才是资本扩张奉行经典主义的市场制度基础，至少是基础之一。

雅诺什·科奈尔（János Kornai）教授多年前针对国有企业提出"预算软约束"概念，强调出于父爱主义，政府支持下的国有银行不会让资不抵债的国有企业走向破产，而是不断把原本作为债务的硬约束一次次软化，导致所谓的预算软约束。

我们注意到，由于金字塔式控股结构下的资本系族的存在、成员之间的相互抵押担保，金字塔式控股结构带来了一种新的预算软约束，最终导致了所谓"大而不能倒"的局面。金字塔式控股结构在市场经济成熟的国家并不典型，但却是我国大部分企业（无论国有企业还是民营企业）的重要组织形式。因而，与其从抽象的经典主义出发去批评资本的恶劣属性，不如从金字塔式控股结构等市场制度基础和法治环境的视角去思考为什么同样的资本没有去奉行长期主义，后者更有现实针对性和实际研究价值。

第三，基于事前先验证据形成的立法往往十分滞后，无法对新业态的发展做出及时准确的判断，因此监管部门希望通过以立法方式阻止资本无序扩张,这种做法并不现实和可行。

理论认识发展滞后于实践的例子在人类文明演进的历史上比比皆是。我经常举的一个例子是资本市场对"同股不同权"的认识。这种一百多年前就诞生的股权结构设计由于背离了看起来更加符合平等观念的"同股同权",长期以来受到主流理论和政策实践的打击与排斥。直到 20 世纪末,在哈佛大学施莱弗教授领导的著名的"法与金融"研究中依然把一个国家或地区允许"同股不同权"认为是对投资者权益保护不充分的体现。然而,21 世纪以来的大量实践却表明,由于互联网时代加剧的信息不对称,控制权的配置权重向创业团队进行适度倾斜,将鼓励他们的创新投入,反而可为部分放弃控制权的外部投资者带来更大的回报。这就是我们看到中国香港和内地资本市场以及更多资本市场开始接纳包容"同股不同权"股票发行的原因。资本市场从简单反对到最终接受"同股不同权",经过了一百多年。

而以平台经济为代表的新业态创新和发展则是一个新的例子。如果说垄断行为导致效率损失是经过大量经济理论推导且有经验证据的令人信服的结论,那么,除了引发的消费者和生产者权益保护方面的争议,并没有系统的经验证据表明,平台经济的存在会导致效率的损失。白重恩教授更是指出,受限于范围经济和规模经济,平台本身不得不处于垄断地位。如果简单反对垄断地位,就相当于否定所有的平台经济。因此他主张应该对垄断地位与垄断行为加以区分,强调我们应该反对的是垄断行为,而不是垄断地位。

因此对于尚未形成一致认识的新业态发展,如果简单基于先验经验来加以立法规范,实际效果往往适得其反,甚至可能会压制一种重要的新业态的创新。围绕立法的滞后性与业态发展的前瞻性之间的矛盾,我们已有十分惨痛的教训。

第四,上述讨论是不是意味着对资本扩张的"序"的合理界定是无法完成的课题呢?

事实上也不尽然。也许我们可以回到哈耶克所主张的"市场自发秩序"中的"序"。围绕"序"的界定的一个启发来自康美药业案前后独立董事制度建设的巨大反差。我们知道，对于独立董事履职不当的惩罚一直是独立董事制度完善的关键。长期以来我们依靠监管处罚，这一历史可以追溯到郑百文案。但对过失独立董事的监管处罚并没有改变独立董事的履职现状。而以特别代表人诉讼制度首次完成康美药业的投资者权益损失赔偿一时间却引发了独立董事的辞职潮。

康美药业案的核心是独立董事履职是否适当从原来由监管机构做出判断转变为由市场中的投资者参与做出反应，因而是市场的行为和力量在发挥作用。这也许就是哈耶克所说的"市场自发秩序"。

因此，如果说立法需要围绕防止资本无序扩张做一些有意义的工作，也许重点在于进一步完善对投资者、消费者权益的法律保护，依靠投资者和消费者权益保护的法律诉讼这一自发市场秩序来判断资本是否真的无序扩张了。

7.2 金融机构：从所有者缺位到治理缺失

7.2.1 我国金融机构治理构架的典型特征和潜在问题

我国金融机构在资本市场的制度背景下和长期的治理实践中，逐步形成了不同于其他行业的独特治理构架。概括而言，我国金融机构一方面在内部受到国有控股下大股东主导的公司治理制度安排的约束，另一方面在外部则受到金融作为特殊行业的强势监管。二者共同构成我国金融机构面对的基础治理构架。

由于金融业作为基础战略性行业在国计民生中的独特地位，国有控股是我国金融机构主要的股权结构安排实现形式。在规模不等的金融机构背后通常存在一家国资性质的控股股东。金融机构基础的内部治理制度安排就是在这家国资性质的控股股东（及其背后的实际控制人）的主导下完成的。例如，董事的委派和董事会的组织、外部审计机构的聘请，以及董事长和总经理的任免等都是由该控股股东（及其背后的实际控制人）主导的。这是金融机构治理实践中的一个基本事实。面对外部分散股东普遍存在的搭便车倾向，金融机构至少在理论上是由持股比例较高的大股东来更多地承担具有准公共物品属性的监督职责，在公司治理实践中扮演积极股东的角色[①]。这看上去似乎与主流公司治理理论的预测并不矛盾。

作为具有广泛外部性、服务涉及千家万户的特殊行业，与其他行业相比，金融业受到更加严格苛刻的监管是金融机构治理实践中的另外一个基本事实。例如，针对不同类型的金融机构，我们不仅分别设立银保监会与证监会等职能监管机构，而且设立央行牵头的金融稳定发展委员会等监管协调机构。这在众多行业监管力量配置上是十分罕见的。而作为具有广泛外部性的行业，金融业面临更加严格监管，似乎与主流监管理论的预测同样并不矛盾。

治理实践的上述基本事实表明，金融机构既面临来自大股东理论上的内部监督，又面临外部强力监管。然而不可思议的是，一段时期以来，一些金融机构依然成为公司治理问题爆发的重灾区，例如，具有金融牌照、受到政策扶植的包商银行直接宣告破产。那么，这究竟是什么原因导致的呢？

事实上，一些金融机构治理问题的爆发与我国资本市场制度背景下金融机构治理构架的独特性密不可分。首先，客户营运资金规模远超股东出资规模，导致股东在金融机构公司治理中的权威地位式微。传统公司治理理论认为，股东在公司治理中的权威地位是由受益顺序排在最后的股东可以为其可能做出的错误决策承担责任决定的。这集中体现在围绕公司战略调整、并购重组和董事会组成等重大事项，股东在股东大会上以集体表决

---

① Shleifer A, Vishny R W, 1986. Large shareholders and corporate control[J]. Journal of Political Economy, 94(3, Part 1): 461-488.

的方式进行最终裁决。股东作为公司治理权威的制度安排很好地体现了法律上权利和义务匹配的原则[①]。然而，在金融机构中，由于客户营运资金规模往往远远超过股东出资规模，客户成为金融机构重要的利益相关者。金融机构的治理实践由此成为强调利益相关者理论十分重要的政策场景之一。这使得公司治理实践中股东的权威地位在金融机构的治理构架下日渐式微，甚至变得无足轻重。

其次，控股股东国有资本的所有者缺位容易滋生中国式内部人控制。从2013年开始，我国启动以所有制混合为典型特征的新一轮国企改革（即"混改"）。混改试图解决的核心问题之一是在国企中普遍存在的所有者缺位。由于真正所有者缺位，国企中存在的一个突出问题是容易形成内部人控制这一典型的公司治理问题。

需要说明的是，在我国国企中所有者缺位导致的内部人控制，与英美等国由于股权高度分散下，外部接管威胁很难撼动作为股权激励持续受益人的经理人地位的内部人控制并不相同。我国国企不仅存在名义上的控股股东，而且国企高管很少持股，但在为数众多的国企中依然出现了以董事长而不是经理人为核心的中国式内部人控制问题。而金融机构作为基础战略性行业，国有控股主导的事实决定了中国式内部人控制问题在金融机构中同样存在，甚至更加典型。

最后，高进入壁垒决定的监管强势导致了金融机构内部治理的弱势，金融机构的治理在很大程度上依赖监管机构的监督和检查。金融业是特殊行业中的特殊行业，金融的稳定事关经济系统运行的安全平稳。近年来我

[①] Shleifer A, Vishny R W, 1986. Large shareholders and corporate control[J]. Journal of Political Economy, 94(3, Part 1): 461−488.

Grossman S J, Hart O D, 1986. The costs and benefits of ownership: A theory of vertical and lateral integration[J]. Journal of Political Economy, 94(4): 691−719.

Hart O, Moore J, 1990. Property rights and the nature of the firm[J]. Journal of Political Economy, 98(6): 1119−1158.

Hart O, 1995. Firms, Contracts, and Financial Structure[M]. Oxford: Clarendon press.

国不断强调防范系统性金融风险。金融监管的弦绷得不可谓不紧,金融监管的砝码加得不可谓不重。金融业监管的强势使金融机构的治理在很大程度上依赖监管机构的外在监督和检查。这使得一些金融机构在不同程度上患上"治理监管依赖症"。换句话说,一些金融机构的公司治理不是依靠股东和董事利用股东大会、董事会等现有的治理构架主动作为,而是在监管机构的外在监督检查下消极被动作为。

我们看到,金融机构一方面面对的是强势的利益相关者和所有者缺位的国资性质的控股股东,另一方面面对的则是强势的金融监管。上述三个因素共同导致对于传统企业相对有效的各种治理机制在我国一些金融机构中形同虚设,使金融机构面临不同程度的治理缺失。当一些金融机构与监管腐败联系在一起,治理缺失的金融机构治理构架的最后一道堤坝就会立即坍塌。这事实上是包商银行走向破产道路背后的原因。很多专家学者看到了包商银行中的监管腐败问题,但没有看到包括包商银行在内的一些金融机构复杂治理构架下的治理缺失问题。

7.2.2 如何化解金融机构存在的治理缺失问题

那么,如何从根本上化解一些金融机构中所有者缺位导致的治理缺失问题呢?概括而言,我们主张金融机构需要从监管依赖走向合规治理。

第一,在金融机构中,引入背景多元的战投,使虚化的所有者实化,重塑股东在公司治理的权威性。

在正在积极推进的国企混改中,引入民资背景的战投,实现所有制的混合成为关键举措。它的合理性在于通过"混",为推动国企改革建立一种长效激励机制。盈利动机明确、出资参股的民资背景的战投将有动力推动国企经营机制转化和公司治理完善,以实现自身的盈利目的,避免为可能做出的错误决策承担责任。由于金融业是基础战略性行业,在分类推进的国企混改中并非重点和关键的领域。从化解金融机构同样面临的所有者缺位问题出发,我们认为金融机构同样需要开展一场混改。

通过混改引入战投预计将为金融机构带来以下几个方面的变化。其一，在经营层面，来自股东的盈利实现的外在压力一方面将促使金融机构通过积极改进经营机制，增加盈利，提高股东投资回报；另一方面，实化后的所有者将以自己出资参股的"真金白银"为自己可能做出的错误决策承担责任，反过来将使相关经营管理决策的制定更加科学合理。其二，在治理层面，盈利动机明确、需要为错误决策承担责任的战投有动力扮演公司治理中十分重要的积极股东角色，认真履行对管理团队的监督职责。

客观上，金融机构混改将使股东在公司治理中的权威性重新得到彰显，使很多金融机构逐步摆脱目前存在的治理监管依赖症。这是重建金融机构治理构架的第一步。

第二，围绕一些金融机构突出的中国式内部人控制问题，金融机构需要在重塑股东权威的基础上，通过形成制衡的股权结构、独立的董事会，走向合规治理。

随着混改、战投的引入，金融机构股东层面的直接变化将是，战投与以往在金融机构公司治理制度建设中居主导地位的控股股东之间形成制衡。引入的战投不仅可以委派代表和反映自己诉求的董事，甚至由于金融业作为基础战略性行业需要维持国资控股地位，为了在混改中保护自己的权益，实现激励相容，可以超过持股比例的限制，超额委派董事。被誉为"央企混改第一股"的中国联通在混改中事实上创造了"在股东层面（由于联通所处的基础战略性行业的性质）国资占优，在董事会层面战投占优"的所谓"中国联通混改模式"。而内部相互制衡的股权结构将成为金融机构的一种自动纠错机制，帮助金融机构及时纠正经营策略制定过程中存在的问题，避免在错误的道路上越走越远。

除了由制衡的股东委派的股东董事，走向合规治理的金融机构未来将聘请更多注重声誉、兼职性质的外部独立董事。通过独立董事声誉市场的建设和遴选机制的完备，挑战管理团队决策成本较低的独立董事将逐步摆脱以往"花瓶"的形象，在日渐增加的股权纷争中扮演更加积极的"居中调停者"等角色。

由制衡的股东主导的独立董事会从保障股东权益的角度出发，选聘具备良好能力、声誉和资质的专业会计机构，并使它们真正向董事会和股东负责。对于那些无法尽到独立审计义务，或无法客观公正出具审计报告的会计师事务所要及时做到清退和更换。

7.2.3　金融机构治理构架重建中需要注意的几个问题

在金融机构从监管依赖走向合规治理的治理构架重建过程中，以下问题需要予以注意。第一，金融机构从监管依赖走向合规治理，不是说监管从此不再需要加强，而是说监管政策制定的重心需要做出重要调整。长期以来，处罚成本不高是我国违法违规行为屡禁不止的重要原因之一。例如，因高管私分公款和"损公肥私"的员工持股计划丑闻而声名狼藉的恒丰银行仅被处以 700 万元人民币的监管处罚和对董事长的违法诉讼。加大处罚力度，对违法违规行为形成威慑，无疑是监管政策制定未来依然需要加强的方面。

从上述重建金融机构治理构架的目的出发，相关监管政策制定的重心应该做出以下重要调整。其一，应从事前监管审核更多地转向事后的监管从严处罚。其二，监管政策制定需与强化合规治理联系起来，借助金融机构的治理构架更好地实现监管意图。例如，监管当局可以用要求金融机构董事会开展的自查和信息披露，来代替由监管当局主导的耗时耗力的检查。其三，监管政策制定应围绕如何加强金融机构的合规治理展开。例如，适当提高金融机构董事会中独立董事的比例；对于金融机构所聘请的独立审计机构的会计能力和国际声誉等资质做出更加严格的要求；等等。

第二，金融机构从监管依赖走向合规治理，不是说不再需要对客户等利益相关者的利益进行保护，而是说需要借助不同的机制对利益相关者的利益提供更加专业的保护。利益相关者理论在公司治理实践中的误导之处在于，忽视了只有受益顺序排在最后的股东才能为自己可能做出的错误决策承担责任的事实,向其中一方利益相关者负责(例如提高储户的存款利率)可能成为损害另一方利益相关者利益(例如提高工商业贷款利率)的借口,强调金融机构对所有利益相关者负责恰恰意味着可能不需要对任何人负责,加剧了内部人控制问题出现的可能性,反而不利于对利益相关者利益的真正保护。对于利益相关者的利益,金融机构需要通过不同的途径予以保护。例如,对于营运资本规模超过股东的客户的权益是通过准备金和存款保险等制度,以及违法后的高额民事赔偿,甚至集体诉讼制度来保障的。客户的权益保护不是靠简单地鼓吹所谓的利益相关者至上,甚至形式主义地让客户以某种方式参与治理就可以实现的。

第三,金融机构从监管依赖走向合规治理,不是说公司治理制度从此可以包揽一切,而是说外部监管和内部治理各司其职,共同提升金融机构的治理效率,实现良好的绩效表现。监管和治理有各自擅长的领域和作用的边界,二者合理分工可以起到扬长避短、协同合作的效果。监管更加适合金融业普遍存在的行为倾向,优点是令行禁止,效果立竿见影,但其缺点是一刀切,缺乏针对性,往往带来很高的社会实施成本;而治理则更加契合不同金融机构的实际,可做到对症下药,但见效慢,特别是当金融机构缺乏自我革新的勇气时容易"养虎遗患",酿成大的治理危机。因而二者的有机结合和专业化分工是金融机构最终实现良治的关键。

7.3 从"从严监管"走向"合规治理"

为了实现资本有序扩张,防范和化解系统性金融风险,使金融更好地服务实体经济,一段时期以来,我国陆续出台了一系列规范企业资本市场融资行为的政策法规。其中包括《国务院关于实施金融控股公司准入管理的决定》《国务院关于进一步提高上市公司质量的意见》《健全上市公司退市机制实施方案》,等等。

上述系列政策法规出台的现实背景体现为两方面。一方面,资本市场长期以来大量应该退市的企业在控股股东不计成本的不断救助下苟延残喘，挤占了十分稀缺的上市资源，助长了一些机构通过"借壳"上市进行资本运作的歪风。公司上市长期以来需求旺盛，在推行注册制之前的审核制市场准入制度意味着上市门槛较高，"借壳"上市成为我国资本市场十分独特的现象。我们的研究表明，即使在政府和大股东的支撑下，国有*ST公司[①]成功"摘帽"，其长期绩效改善程度也显著低于对照的非国有企业，而且再次被"戴帽"的概率更高，绩效恶化的速度更快，形成严重的"救济依赖症"。而扭曲的支撑行为进一步助长"壳资源"价值虚高，反过来强化了"壳资源"现象的长期存在。

另一方面，对一些成为资本系族金字塔式控股结构链条一环的金融机构，缺乏必要的监管，甚至出现监管腐败，使这些金融机构违规向资本系族关联企业提供信贷资金，助长了资本系族在资本市场兴风作浪。我们的研究同样表明，对于处在金字塔式控股结构下的上市公司而言，随着金字塔结构复杂程度的增加，上市公司的股票更具有"彩票股"的特征，非金融企业的金融资产配置更多，且会进行更多的关联资本运作。而这些行为并没有带来预期的企业绩效改善，由此演化为控股股东以财富短期快速增值为目的的机会主义资本运作行为。因而，金字塔式控股结构的存在，一定程度上助长了我国社会经济生活中已经存在的"脱实向虚"的资金流动趋势，并加剧了金融市场的波动性。由此，如何抑制金字塔式控股结构，成为促使我国资本市场与实体经济健康发展的关键问题之一。

我们注意到，虽然上述相关政策效应尚未完全显现，但在一些领域已初见成效。例如，随着A股史上最严的退市新规落地，截至2023年年底，退市公司已超过一百多家；作为在监管腐败下对银行业务的监管缺失的典型例子，包商银行以宣告破产为自己的违法违规行为付出了代价。

在无论资本市场外部融资环境还是金融机构自身的资本运作行为均出现从严监管的趋势和背景下，如何正确处理金融机构面对的外部强势监管

---

① 即连续三年经营亏损，收到退市预警的公司。

和内部弱势治理的关系,成为金融机构高质量发展面临的突出问题。

正如 7.2 节所指出的,我国金融机构面临的基础治理构架是在两种力量的作用下共同形成的。其一是我国金融机构在内部受到国有控股下大股东主导的公司治理制度安排的约束。其二是我国金融机构在外部则受到金融作为特殊行业的强势监管,而且金融监管呈现逐步加强趋势。

概括而言,金融机构一方面面对所有者缺位的国资性质的控股股东,另一方面面对的则是强势的金融监管。二者的结合共同构成我国金融机构需要面对的基础治理构架。在上述基础治理构架下,金融业监管的强势造就了金融机构在治理上很大程度上依赖监管部门的外在监督和检查,使得金融机构在不同程度上患上"治理监管依赖症"。这集中体现在,一些金融机构的公司治理不是依靠股东和董事利用股东大会董事会等现有的治理构架主动作为,而是在外部监管的监督检查下消极被动应对。

那么,在金融机构出现了从严监管的趋势和背景下,我们应该如何正确处理金融机构面对的外部强势监管和内部弱势治理的关系呢?

首先,我们需要重建金融机构的治理构架,使金融机构从监管依赖走向合规治理。具体而言,重建金融机构治理构架分为两步,第一步就是在金融机构中开展一场混改:引入背景多元的战略投资者,使虚化的所有者实化,重塑股东在公司治理的权威性。

重建金融机构治理构架的第二步是围绕一些金融机构突出的"中国式内部人控制问题",金融机构需要在重塑股东权威的基础上,通过形成制衡的股权结构与独立的董事会,走向合规治理。

其次,我们需要树立正确的监管理念,对金融机构的监管从事前监管审核和事中突击检查,转向依据事先规定的监管规则在事后的监管中从严处罚。

长期以来,我国的监管实践更多遵循"宏观审慎管理"这一传统的宏观经济管理理念,而对金融机构的微观治理结构重视不够。我们以《国务院关于实施金融控股公司准入管理的决定》为例。纳入监管的金融控股公司需要实质控制两类或两类以上金融机构，金融机构的总资产或受托管理资产在一定规模以上。容易理解，金融业务有限和资产规模小的金融机构引发系统性金融风险的可能性较小，显然并不在需要"审慎管理"的范围之内。

在监管实施环节上，我国的监管实践更多是操作相对简单的事前监管审核和事中突击检查，对事后严加惩处同样重视不够。我们同样以《国务院关于实施金融控股公司准入管理的决定》为例。该文件围绕"资金来源和运用、资本充足性要求和风险管理体系构建"等金融控股公司准入和审核事项做出了大量规定。加大处罚成本，对违法违规行为形成威慑，无疑是监管政策制定未来依然需要加强的重要方面。

最后，我们需要协调外部监管和内部治理，促使外部监管和内部治理各司其职、实现专业化分工，来共同提升金融机构的治理效率，实现良好的绩效表现。

监管和治理有各自擅长的领域和作用的边界，二者合理分工可以很好地起到扬长避短、协同合作的效果。

具体而言，为了实现重建金融机构治理构架的目的，使金融机构从监管依赖走向合规治理，监管政策制定需与强化合规治理有机结合起来，相辅相成，相互促进。例如，适当提高金融机构董事会中独立董事的比例；对于金融机构所聘请的独立审计机构的会计能力和国际声誉等资质要求制定出更加严格的标准；等等。

因而，今天出现的对金融机构从严监管的局面在一定意义上仅仅是金融机构高质量发展迈出的第一步。未来的目标是金融机构从内部治理缺失和治理依赖监管逐步走向股东权威地位的确立、制衡股权结构的形成和独立董事会运作的合规治理。

7.4 资本市场的制度建设：从监管思维到法治思维

2022年，中国政法大学刘纪鹏教授发表的题为"我为什么说沪深交易所不该保留副部级？"的文章再次引发了学界和业界对证监会和交易所监管定位的争议。刘纪鹏教授从注册制和监审分离的现实背景出发，提出的核心观点有两点。其一，证监会要以监管为工作重点，把上市审核工作更多交给交易所；其二，证监会要统筹协调主要交易所的监管职能定位，做好中国证券市场的发展规划。为此，他建议不再保留深沪交易所的副部行政级别。

作为中国资本市场监管制度建设的长期研究者，刘纪鹏教授在这篇文章中显然更多是从监管政策制定的角度着手讨论的。事实上，中国资本市场健康发展未来越来越离不开两种重要的力量——法治的力量和市场的力量。

第一，让法治的力量成为未来中国资本市场健康发展的主导力量。

法律对投资者权益保护的差异才是各国选择不同的治理模式和各国金融发展水平不同的根本原因。一个投资者权益受到充分保护，投资者心甘情愿、毫无顾虑投入真金白银的资本市场没有理由发展不起来。

如果说，法治的力量在中国资本市场过去三十年的发展历程中还显得十分弱小，那么，此前发生的康美药业集体诉讼案使我们有幸感受到它的强大威力和巨大潜力。

如果我们能够意识到法治的力量，放手让法治成为中国资本市场制度建设的主导力量，以中小股东主动发起诉讼的民事赔偿来补充，甚至代替目前的监管处罚，也许对资本市场发展至关重要的投资者权益保护要做得比现在好得多，中国资本市场的发展也比现在好得多。

未来监管当局也许需要做的，只是推动立法进一步降低小股东集体诉讼的门槛，而不是目前经过特别代表人"把关"和"取舍"的中国版"集体诉讼"。未来在降低集体诉讼门槛的同时，进一步配套和凸显举证倒置的威慑强化作用。在参加一次政府相关部门举办的座谈会上，一位法学学者告诉我，中国不仅有集体诉讼，而且有举证倒置。面对小股东的集体诉讼，举证倒置的引入使得公司董事除非提供证据表明自己没有过失，否则就存在过失，从而增加集体诉讼对于内部人违规进行惩罚的威慑力。在目前特别代表人诉讼制度下，连集体诉讼原本的威慑力都尚未完全发挥出来，何谈举证倒置的威慑力的加强作用？董事免责的相关规定显然并非原本意义上的举证倒置。而集体诉讼和标配的举证倒置成为以法治力量推动资本市场制度建设的核心元素，已经在很多国家的资本市场实践中得到充分证实。

第二，让市场的力量成为未来中国资本市场健康发展的重要力量。

注册制的核心其实就是让市场成为决定企业成败的关键力量，代替人力物力投入有限，却往往"事倍功半"的监管当局的事前审核。如果一家企业赢得资本市场的认同，它不仅可以上市，而且可以获得投资者向其支付的高的溢价。这与四十多年来我国进行市场导向的经济转型，强调市场在资源配置中发挥决定性作用的改革方向是一致的。但作为公众公司，上市公司需要严格履行信息披露的义务，需要在公开透明的治理框架下引导各方通过不懈的努力付出，实现合作共赢。

在中国内地引入融资融券政策后，有学者说，中国 A 股从此有了自己的做空机制。一些学者甚至完成了相关大样本的经验证据提供，表明这一"做空机制"对于完善资本市场定价十分有效。但如果简单对照浑水等做空机构的行为，读者就不难明白，为什么我说中国根本就不存在所谓的做空机制。这就如同，中小股东目前连举证倒置都需要特别代表人"把关"和"审核"，又何谈强化集体诉讼威慑的"举证倒置"呢？

我在想，我这里向监管当局提出的这些政策举措也许就是刘纪鹏教授在他的文章中提及的，做好"中国证券市场的发展规划"的工作吧。如果做到了这些，我理解，其实刘纪鹏教授主张的是否取消"副部级"已经变得无足轻重。

也许我们到了从监管的思维跳出来，寻找法治和市场的力量来尝试全新的资本市场制度建设思路的时候了。

第8章 从事后应急到事前合规

8.1 金融科技创新带来的资本监管新挑战

金融科技无疑是对传统金融的一次重要制度创新。基于银行业务的传统金融一方面依然依赖抵押担保开展"防患于未然"式的借贷活动,依靠向央行缴纳资本准备金,提高资本充足率来防范系统性金融风险;另一方面在日常信贷业务依然充满繁琐的审批程序,甚至信贷官员的寻租设租活动也层出不穷。而按照2020年《经济学人》的报道,"蚂蚁集团的信用风险评估模型包含了三千多个变量,其自动化系统可在三分钟内决定是否发放贷款"。

金融科技在现代金融体系中带来的革命性制度创新无疑对金融监管理论和实践构成了巨大挑战。如同传统金融需要在金融科技推动下创新一样,金融监管理论和实践同样需要创新。那么,面对金融科技创新,金融监管机构应该树立怎样全新的监管理念呢?

第一,"有和无"的区别高于"高和低"的比较的原则。

如何解决中小企业、农户和普通消费者的"融资难""融资贵"问题长期困扰着金融理论界和实务界。从我成为经济学专业学生,到如今成为金融学专业学生的老师，三十多年过去了，然而，这一题目始终是经济金融专业领域最经久不衰、被热烈讨论的议题之一。鉴于中小企业、农户和普通消费者抵押担保不足和风险性高的信用特征，很多学者自然的政策建议无非是政策倾斜和政府扶植。然而，问题是一旦涉及政策支持，不仅会引发相关信贷提供机构的寻租设租行为，而且会加剧借款人的道德风险倾向，使这些原本从善意出发制定的优惠政策无以为继，陷入"撒玛利亚人救助的困境"。应该说，三十多年过去了，上述困境依然困扰着为数众多的中小企业、农户和普通消费者。

而以蚂蚁集团（以下简称"蚂蚁"）为代表的金融科技公司提供的新业态金融服务极大地降低了信贷业务的门槛，事实上解决了困扰很多急需资金支持的中小企业、农户和普通消费者的贷款获得性问题，使金融具有了某种"普惠性"。截至2020年6月末，蚂蚁平台促成的小微经营者信贷余额为4 217亿元，蚂蚁成为中国最大的线上小微经营者信贷平台。而借贷给小微企业无疑是金融对实体经济的直接支持。这一定程度上意味着以蚂蚁为首的一些金融科技公司在实践中逐步探索出了解决长期困扰中国金融理论界和实务界的中小企业"融资难""融资贵"问题的方案。

然而，令人感到遗憾的是，今天一些学者和媒体在评价金融科技公司提供的新业态金融服务时，只是选择性地看到了综合利率较高的问题。记得在北京大学上学时，我曾听厉以宁老师多次讲述带鱼的故事。在计划经济时代，每斤带鱼的价格长期保持在三角八分，但居民需要凭票购买，每年难得吃上一两次；在市场经济时代，每斤带鱼的价格高达几十块，但只要我们想吃，每天都可以买到。请问，你是要每斤价格始终为三角八分的带鱼，还是每斤几十块的带鱼？其实，无论是购买带鱼还是融资服务，在价格"高和低"背后还存在一个更加重要的"有和无"的问题。对于很多中小企业、农户和普通消费者而言，这些金融科技公司提供的新业态金融服务更多解决的是融资可获得性的问题，是"有和无"的问题，而不仅仅是"高与低"的问题。

更何况，一些学者和媒体在评估金融科技公司提供的新业态金融服务的融资成本时，同样选择性地看到客户付出的"会计成本"，而没有看到客户通过享受新业态金融服务所节省的大量车马劳顿、排队等候，甚至遭受冰冷态度等对于很多人而言不堪承受的"机会成本"。这尚不包括各种潜在的寻租成本。

对于目前阶段金融科技公司所提供的新业态金融服务的融资成本高于传统金融的融资成本的事实，我们应该鼓励更多金融科技公司进入这一领域提供新业态的融资服务，通过引入竞争来最终降低融资成本。原因依然是，金融科技公司所提供的这种新业态金融服务一定程度上解决了长期困扰金融理论界与实务界的融资可获得性问题，即"有和无"的问题。

这里引出的一个争议比较大的问题是所谓"赢者通吃"和形成垄断的问题。其实，在电商发展早期，淘宝就曾一度遭受上述质疑。后来大家发现，京东"明知山有虎，偏向虎山行"似的一路"杀"进来了。更超乎很多人想象的是，在淘宝和京东开展"白刃战"之际，"拼多多"居然依然能异军突起，在竞争异常激烈的电商市场中夺得一席之地。事实上，由于市场的细分和差别化营销战略的实施，一个受到资源约束的提供者仅仅能提供一部分产品或服务。例如，农村信贷很大程度上还是一片未开垦的"处女地"，未来等待更多金融科技公司的涌入。而威廉·J.鲍莫尔（William J. Baumol）的"可竞争市场理论"告诉我们，在无法从根本上阻止新企业进入的市场，垄断是难以持续的。互联网时代企业的平均寿命并没有因为网络外部性的存在和"赢者通吃"的逻辑变长，反而变短了；即使雄心勃勃的马云也不过期望阿里的生命能"超过102年"。从目前的市场结构看，提供新业态金融服务的金融科技公司不仅包括蚂蚁，还包括腾讯金融和京东金融等数十家，远远谈不上"垄断"，更谈不上"赢者通吃"。因此，监管当局应持的态度是鼓励更多的金融科技公司加入新业态金融服务提供者的行列。

而对于一些学者和媒体提及的一些新业态金融服务涉嫌纵容诱导借款

人，尤其是青少年过度消费的问题，板子则不应该完全打在这些金融科技公司的身上。尽管我们可以对别有用心的金融服务提供者进行道德谴责，但这显然不是一个以盈利为目的的机构所必须承担的社会责任。

原因是，较高的利率本身客观上增加了客户的融资成本，可能使得客户的融资行为更加理性，对过度消费也是一种抑制。

因此，对能够解决融资可获得性的"有和无"问题的新业态金融服务这一新生事物，监管部门应采取比对待传统业务更加包容开放的态度，给它更多的时间来逐步解决"高和低"的问题。

第二，企业自己能够控制的风险就不要强加外部监管。

蚂蚁旗下新业态金融的服务提供事实上可以分为两个阶段。第一阶段是2017年年底前，更多借助资产证券化的ABS（Asset Backed Securitization）。按照《财新》2018年1月29日的报道，截至2017年年底，花呗、借呗在场内外发行的ABS规模约为4 000亿元，占中国市场消费类资产ABS的九成，占万亿元企业资产证券化市场的四成。而在2017年ABS规模被限制之后，新业态金融服务发展进入第二阶段。

进入新业态金融服务第二阶段的蚂蚁更多地是通过与四百多家商业银行合作放贷，在2019年年底达到2万亿元的信贷规模。对于合作放贷，很多人愿意从蚂蚁把信贷风险转嫁给合作的商业银行的角度来理解。如果换一种角度，我们看到蚂蚁与银行之间的合作放贷事实上完成了一项信贷业务的深度专业化分工，实现了融资效率改善和二者之间的合作共赢。一方面，银行负责吸储，提供信贷资金；另一方面由蚂蚁借助金融科技手段识别潜在的客户，帮助传统银行开展贷款业务和提高银行的融资效率。

需要说明的是，按照《巴塞尔协议》，由于储户无法借助市场化行为分散风险，吸收公众存款的商业银行需要满足资本充足率要求，防止风险的扩散。而蚂蚁提供的新业态金融服务仅仅是利用金融科技手段识别潜在的借款人，并不涉及吸收储户存款业务，因而是否需要缴纳资本金、满足资本充足率要求值得商榷。

更加重要的是，蚂蚁利用大数据分析来判断每家电商和每个消费者的商业信用，辅之以黑名单制度，截至2019年年底的坏账率只有1.23%。而作为对照，按照中国人民银行2020年11月6日发布的《中国金融稳定报告（2020）》，主要由传统商业银行提供融资支持的575家大型企业融资规模为3.88万亿元，其中6 462亿元已被纳入不良资产。

我们注意到，一些学者和媒体从蚂蚁招股说明书中发现，放贷规模达到1.8万亿元时，本金仅360亿元，仍依据ABS扩张信用的逻辑，计算出蚂蚁的本金率约为2%，"换句话说，杠杆率高达50倍"。一些学者更是将蚂蚁对新业态金融服务的提供与2008年美国次贷危机联系在一起，认为它是中国版的次级贷款。需要注意的是，蚂蚁1.8万亿元的放贷规模基于以下这个事实：蚂蚁旗下的支付宝有7亿名以上的月均活跃用户，其所服务的小微电商超过8 000万家。无论从单笔交易借贷金额还是贷款回收期限来看，蚂蚁新业态金融服务都不可与美国次级贷款同日而语。美国次级贷款是"金额小而期限短"，而蚂蚁新业态金融服务是"金额大而期限长"。按照相关媒体统计，蚂蚁集团旗下的花呗、借呗成为用户使用最多的消费信贷产品，仅在2019年一年就服务5亿位用户，其中花呗平均余额仅2 000元。流动性的差异和风险分担的程度差异在二者之间十分明显。更加重要的是，前者依然借助房产抵押来分担风险，属于传统的金融业态范畴；而后者则是利用大数据等科技能力和平台去服务个人消费者或小微企业，分析其信用风险，帮助银行客户开发原来未触及的消费和贷款客户，属于未知的新业态金融服务的范畴。

记得有人曾经说过，风险如果能够被消灭就不叫风险。按照蚂蚁招股说明书，愿意与蚂蚁合作的金融机构超过2 000家。如果蚂蚁仅仅是靠挖传统商业银行的墙角，靠向银行转移风险来获得高额利润，那么还会有那么多金融机构愿意选择与蚂蚁合作吗？除了围绕蚂蚁IPO打新出现的股民空前高涨的热情，即使连蚂蚁IPO新股战略配售基金也出现总购买人数超过1 000万、每秒钟有8个人购买、600亿元人民币规模的基金短时间内销售一空的盛况。

第三，事后能够通过惩戒而加以控制的风险就不要在事前通过准入限制和设置各种条条框框加以限制。

即使需要将以蚂蚁为代表的金融科技公司所提供的新业态金融服务纳入统一的金融监管框架，也许我们也更多地需要依赖事后的惩戒，而不是在事前通过准入限制和设置各种条条框框加以限制。对于全新的新业态金融服务，如果监管当局通过主要针对传统金融业态的事前准入限制和设置各种条条框框加以限制，很有可能将重大创新扼杀在摇篮中。

2019年我国资本市场通过设立科创板完成了上市制度的重大变革尝试，从以往的审核制改为目前的注册制。2020年11月6日我国发布《中国金融稳定报告（2020）》，表明注册制在A股市场全面推开。上市制度从审核制转变为注册制的核心是由少数官员的监督转为整个市场的监督，由审核制下的"严进宽出"转为注册制下的"宽进严出"。通过上述转变，监督的力量得到增强，从原来少数官员按照规章的事前审核转变为市场全方位、全天候的监督；监管方式从以往主要防止"坏人混入资本市场"变为"一旦发现某人是坏人，立即将其清退出去"，反过来使有限的监管资源和监管力量集中到更有价值的经过市场监督"把坏人清退出去"这一监管环节。

2020年4月瑞幸咖啡财务造假丑闻曝光。没有人去太多指责为什么美国监管当局居然接纳公司治理内部控制系统缺失，通过持续烧钱来营造业务繁荣假象，最终不得不走上财务造假之路的瑞幸咖啡上市。因为美国资本市场推行的上市制度是"宽进严出"的注册制，也没有任何监管官员可以自信到事前对瑞幸咖啡的财务造假做出预判。但很多立法者和监管官员相信，市场将帮助他们最终把造假者揪出来，只是时间长短问题。做空机构浑水公司显然在瑞幸咖啡财务造假丑闻曝光过程中扮演了这一重要角色。瑞幸咖啡可以在很短的时间内上市（一度创造了最快上市纪录），也可以在很短的时间内退市（同样创造了最快退市纪录）。对于一个敢于公然财务造假、欺骗投资者的公司，瑞幸咖啡受到的处罚不仅是监管当局的处罚，更大的处罚来自投资者集体诉讼的法律赔偿。在美国安然会计丑闻中，投资者通过集体诉讼获得71.4亿美元的和解赔偿金，比美国证监会对安然的5亿美元罚款高出十多倍。

退一万步说，即使一些金融科技公司的新业态金融服务的开展是为了实现监管套利和风险转嫁，通过对事实的研判，特别是市场监督，事后惩罚也可能比事前监管更为有效。毕竟，在目前阶段我们对金融监管实践的认知和理解很大程度上还是基于传统银行业务，对于金融科技公司提供的新业态金融服务缺乏系统的研究和透彻的了解，针对新业态金融服务的很多监管政策制定还处在巨大的争议之中。仓促推出的事前监管政策有可能扼杀一个全新的金融业态的创新和发展。很多学者指出，我们要敬畏监管。笔者记为，对于目前理论界和实务界并不完全了解和熟悉的全新金融业态，我们也应该同时敬畏创新。

按照《中国金融稳定报告（2020）》，截至2019年年末，在出现险情的575家大型企业中，有460家出现严重流动性困难，120家未兑付发行的债券，27家股权被冻结，67家申请破产重组。这些出现险情的企业主要集中在制造业，242家企业共融资1.3万亿元；其次是批发和零售业（87家企业共融资4 932亿元）以及交通运输仓储和邮政业（51家企业共融资5 704亿元）。从经营状况看，272家出现险情企业资产负债率为70%以上，处于高负债运营状态，总融资金额达到2.6万亿元，其中更有97家企业的情况严重到资不抵债。在我们看来，这些企业也许才是当下金融监管工作的重点。

8.2 从事后应急到事前合规

就在滴滴出行赴美上市的"后一天"（2021年7月2日），国家网信办发布公告称对滴滴实施网络安全审查。受此消息影响，滴滴当日股价大跌超 5%。包括罗森等在内的四家美国律师事务所发起对滴滴上市风险评估不足的集体诉讼。滴滴在国内政府监管和国外股东诉讼的"内外夹击"下发展陷入空前的困境。

无独有偶。2020 年 11 月，就在蚂蚁科技即将在 A 股科创板和港交所同步上市的"前一天"，由于外部监管环境的变化，有望成为全球最大 IPO 的蚂蚁暂停上市。此后不久，蚂蚁启动有 1 000 万人参与认购的战略配售基金的退款，而重启上市目前仍遥遥无期。

无论提供金融服务，必然关联国家严加防范的系统性金融风险的蚂蚁，还是提供出行服务，必然涉及数据安全，甚至所谓"国家安全"的滴滴，都是互联网时代新经济企业的典范，对理论和实践更多停留在对传统产业总结的监管实践无疑构成巨大挑战。对此，我们当然需要选择适合的窗口期尽快确立良好的监管规范。然而，由于在监管操作策略选择上，相关监管机构用"事后应急监管"代替原本应有的"事前合规监管"，使我国对新经济企业监管的实际效果大打折扣，付出了高昂的代价和学费，乃至于业界有"蚂蚁上市前一天，滴滴上市后一天"的说法。

我们以滴滴为例。由于事发突然，围绕滴滴的各种所谓"传闻"和"解密"甚嚣尘上。一些传言称滴滴的主要股东是外国资本，还有一些传言则称滴滴的一位独立董事是前美国军官。当然散布最广泛的传言是滴滴可能把影响国家安全的道路数据"打包交给美国"。一些人更是拿出几年前新华社刊发的一篇滴滴提供的主要部委行车大数据分析作为佐证。众所纷纭，真假难辨。

一些人也许知道，阿里 2014 年在美国上市后，持股比例超过 31% 的第一大股东是日本孙正义控股的软银。不少"有识之士"按照传统的股权控制视角认为阿里是日资企业，一些人甚至公开宣称"阿里今天的成功是新'甲午战争'的胜利"。然而，在了解阿里的公司控制权安排后，你会发现，通过股权协议和推出合伙人制度，持股比例仅为 13% 的阿里合伙人有权任命超过半数的董事会成员，集体成为阿里的实际控制人。如果用我并不太喜欢用的"雇佣"（与之相比，我更加喜欢"合作共赢"）一词，我们看到，阿里是中国的劳动"雇佣"了外国的资本，而不是像一些人想象的那样，是外国的资本"雇佣"了中国的劳动。

需要说明的是，滴滴在控制权安排上，不仅采用了类似阿里的合伙人制度，而且同时发行AB双重股权结构股票，形成所谓的"AB股+滴滴合伙"的双重公司控制方式。在滴滴完成本次股票发行后，董事会成员和高管共持股9.8%，拥有57.1%的投票权；软银拥有20.1%的受益权和10.7%的投票权；优步拥有11.9%的受益权和6.4%的投票权；腾讯拥有6.4%的受益权和3.4%的投票权。

一些人也许知道，受股东委托，在法律上向股东负有诚信责任的独立董事的核心职能是通过监督和战略咨询，使股东获得稳定安全的投资回报。独立董事监督履职的核心内容是在关联交易、抵押担保等可能为股东利益造成潜在损害的业务上发表独立意见，甚至对可能损害股东利益的相关议案出具否定意见。独立董事并不掌握，也不需要掌握事关企业核心商业机密的客户信息。一个不能严格履行上述职责的独立董事将受到股东的诉讼和监管当局的处罚。

一些人也许同样知道，用户个人信息和相关客户信息往往是一个企业最重要的商业机密之一。对于一些企业，在存在商业机密外泄风险与公开上市发行之间，宁愿选择不上市。公众公司信息披露的核心是确保投资者获得财务知情权，以确保投资获得安全回报。没有哪个资本市场要求上市公司向股东和监管当局披露涉及商业机密的用户个人信息和相关客户信息。这样做与把类似的商业机密透露给竞争对手没有什么本质的不同。如果一家交易所那样要求，谁还愿意去它那儿上市？不要忘记证券交易所本身是追求盈利的企业，而且在全球各主要资本市场之间存在着十分激烈的竞争。在阿里由于违反"同股同权"原则上市申请被港交所拒绝，被迫选择赴美上市四年后，港交所号称完成了"25年来最具颠覆性的上市制度改革"，开始接纳包容"同股不同权"制度，为阿里回归港交所"开启绿灯"。

一些人指出，2020年美国出台了《外国公司问责法案》，要求在美国上市的外国公司"给数据"。除了要求严格披露实控人的政府政党背景信息，该法案的核心内容还强调如果外国发行人连续三年不能满足PCAOB的审计要求，将禁止其证券在美国交易。这里的审计要求只涉及财务数据，并非客户数据，更非行车道路数据。我们知道，该法案出台的一个重要背景是中概股瑞幸咖啡的财务造假丑闻的爆发。而财务造假在任何希望资本市场长期健康发展的国家都不会获得支持。即使是在安然会计丑闻后，美国出台旨在加强信息披露的《萨班斯–奥克斯利法案》，学术界和实务界围绕该法案加强信息披露是否过度也一直存在争议。

其实，上市只是一种融资实现方式。对于所有权与经营权分离的公众公司，上市意味着引入外部分散股东承担经营风险，但并不意味着公司必然会向股东和监管当局披露涉及具体业务甚至商业机密的用户个人数据和相关客户信息。对于这些涉及商业机密的用户个人数据和相关客户信息，监管当局不仅无权提出要求获取，而且应该主动避嫌，以免避免因商业机密外泄而承担相应法律责任的风险。

总结蚂蚁上市前一天暂停上市和滴滴上市后一天接受审查的事实，我们可以把上述围绕公众公司的监管模式概括为"事后应急监管"。其突出特征表现在以下两个方面。

其一，主管上市审核监管业务的证券监管当局一直处于被动地位。为了使蚂蚁成为更多独角兽企业登陆A股和中概股回归的榜样，证券监管当局为蚂蚁有望成为全球资本市场发展史上首次实现"同步上市"和全球最大的IPO付出了巨大的监管努力，一度为蚂蚁上市开辟"绿色通道"。滴滴则和很多中概股企业一样选择采用VIE架构，进行上市的是在开曼群岛注册的滴滴全球股份有限公司（Didi Global Inc.），其在境内注册了外商独资企业——北京滴滴（Beijing DiDi），通过后者与小桔科技（Xiaoju Technology）的协议安排控制在中国的VIE及其子公司，如滴滴出行科技有限公司（DiDi Chuxing Science and Technology Co., Ltd.）和北京滴滴出行科技有限公司（Beijing DiDi Chuxing Technology Co., Ltd.）等。2019年我国颁布的《中华人民共和国外商投资法》在第二条关于外商投资的定义中加入了一条兜底条款：法律、行政法规或者国务院规定的其他方式的投资。但由于《中华人民共和国外商投资法》中并没有对VIE架构做出明确规定，因此境内公司通过VIE架构到境外上市是否需要经过中国证监会的程序审批目前存在争议。

其二，终止蚂蚁上市和开展滴滴审查的是其他政府部门，政出多门，缺乏与证券业务主管部门的充分沟通与有效协调。国家网信办官网发布公告称，为防范国家数据安全风险，维护国家安全，保障公共利益，依据《中华人民共和国国家安全法》《中华人民共和国网络安全法》，网络安全审查办公室按照《网络安全审查办法》，对滴滴实施网络安全审查。而为配合网络安全审查工作，防范风险扩大，审查期间滴滴停止新用户注册。即使确实需要开展上述网络安全审查工作，我们也认为，在与证券监管当局进行有效协商，并充分评估上述审查工作对在境外上市的滴滴股价波动的影响后慎重做出决策也许会更好一些。毕竟，理论上，"长臂管辖"的实施机构应该是与其他市场监管当局签署相关协议的证监会。当然，如果能在滴滴向证券监管当局报批境外上市业务前完成相关审查工作显然对于滴滴境外上市的发展将更加有利，也更加合理。这也许是未来相关监管机构规范境内企业境外上市审批流程的重点内容之一。

我们注意到，在蚂蚁暂停上市的相关决策中，至少从形式上看是由包括证券监管机构等在内的四家机构联合做出的。而在滴滴的网络安全审查中，相关决策则由网信办独家直接做出。在传统企业都在进行数字化转型、数字经济成为典型业务流程的互联网时代，很多打算公开发行股票的拟上市企业都或多或少地涉及所谓的数据隐私等数据安全问题。因此，未来网信办的网络安全审查工作如何有效纳入证券监管机构主导的上市流程的议题讨论迫在眉睫。

以上述两方面为典型特征的"事后应急监管"直接的负面作用是为正

在蓬勃发展的新经济企业带来了不确定性。让很多境外投资者很难理解的一点是，一个从"绿色通道"上市的企业会在上市前一天被暂停上市，一个看似走完证券境外发行流程的企业会在上市后一天突然遭受相关审查。如果相关监管机构能够从事后应急监管走向事前合规治理，也许那些在境外发行股票的企业面临的上市政策评估风险就会少一些，境外投资者蒙受股价波动损失，进而发起集体诉讼的可能性就会低一些，新经济企业的发展也会更加平稳有序。

事实上，事后应急监管损害的不仅仅是拟上市和已经上市的公众公司，及其管理团队和股东的利益，从长期看，也将损害监管当局的政策权威性和监管程序的严肃性。因此，我们在这里呼吁和主张，围绕上市业务的监管，我们要从证券监管机构的事后应急监管，逐步走向将相关政策审查纳入证券监管机构主导的上市流程的事前合规治理。企业在不违反相关政策法律的基础上，有权根据自身的发展状况选择在哪里上市、何时上市。

蚂蚁响应号召结束"境内盈利，境外分红"，选择在 A 股和港股同步上市，然而却在拟上市的前一天暂停上市。当时很多人的感觉是更多民营企业会选择境外，甚至美国上市。回归 A 股的企业虽然有，但还是有很多优秀的中国企业在 2020 年美国《外国公司问责法案》出台后依然"明知山有虎，偏向虎山行"，赴美上市。对于一个没有财务造假，存在真实的业务流程，能够给投资者带来合理回报的优秀企业，上述法案显然并不构成实质性障碍。滴滴只是选择赴美上市的企业之一。

8.3 注册制时代的上市公司监管

对作为公众公司的上市公司进行监管是主要市场经济国家的通例。其原因当然来自资本广泛社会化的公众公司所具有的外部性，而必要的监管有助于规范资本市场的主体上市公司的行为。这是主要市场经济国家普遍设立证券监管机构背后的原因。其中,成立逾百年的美国证监会为维护美国资本市场秩序所付出的努力成为全球各国资本市场制度建设的指向标。

从审核制开始的中国资本市场,从设立之初,证券监管机构就扮演着十分重要的角色,伴随着中国资本市场建设的风风雨雨一路走来。随着2019年中国A股市场科创板设立,股票发行注册制开始代替审核制成为基本的上市制度。2023年2月17日中国证券监督管理委员会发布了《全面实行股票发行注册制相关基础制度规则》,标志着注册制改革在主板市场和创业板市场的全面实施。那么,在注册制时代,证券监管机构如何监管上市公司呢?

我们需要深刻理解注册制的制度精髓,切实转变监管理念。在我看来,注册制的制度精髓体现在以下几个方面。

其一是让市场代替证券监管机构发挥更为重要和基础的监督作用。这些来自市场的监督者既包括类似浑水的做空机构,又包括类似ISS(Institutional Shareholder Service)、紫顶这样的投票代理机构。前者存在的价值是,"让苍蝇去盯有缝的蛋",尽管苍蝇看上去并不那么令人喜欢;而后者存在的价值在于以市场化的方式提供专业服务,以帮助那些原本无知,或者理性无知的股东们履行他们作为投资者应该履行的监督职责。我们知道,瑞幸咖啡的财务造假既不是由外部聘请的专业审计机构首先发现的,也不是由高薪聘请的独立董事发现的,当然更不是由证券监管机构发现的,而是由希望通过做空从中获利的做空机构浑水首先发现的。我们看到,如果没有这些中介机构的有效介入,面对日益增加的上市公司数量,单纯依靠监管机构的监管力量远远无法完成规范上市公司行为的使命。

其二是通过"宽进严出"最大可能地提升上市速度,最大限度地满足企业权益融资诉求。我们知道,新经济企业不断进行业务模式创新,甚至不惜通过"烧钱"赢得消费者认同,因而需要稳定的外部权益融资支持。如果按照"严进宽出"审核制下设立的上市门槛,很多创新导向的新经济企业不是"死"在创新的路上,而是"死"在等待融资的路上。我们同样以瑞幸咖啡为例。瑞幸咖啡从创立到上市仅仅用了 18 个月。这一上市速度在我国 A 股资本市场是很难想象的。审核制下上市速度慢是我国资本市场发展过程中出现上市排队"堰塞湖"，进而出现"壳资源"现象十分重要的原因，这同样是我国很多创新导向的新经济企业选择境外上市的重要原因之一。当然，瑞幸咖啡固然创造了上市速度最快的纪录，但在财务造假丑闻曝光后以同样快的速度退市。注册制下的美国资本市场把"宽进严出"的监管理念发挥到极致其理由由此可见一斑。

其三是资本市场的制度建设从监管推动转向法治驱动。应该说，2021 年发生的关于康美药业的"中国式集体诉讼第一案"在一定程度上让我们领略到法治对于资本市场制度建设的力量。我们以独立董事制度为例。之前监管当局对于违规的独立董事并非没有做出严厉的监管处罚，10 万元的监管处罚并没有让独立董事成为高危职业，但在康美药业曝光后，面对集体诉讼下的上亿元的天价民事赔偿，我国资本市场一度掀起新一轮独立董事辞职潮。

概括而言，注册制下的监管理念是，像所有市场一样，我们需要做的只是提供一个流程规范、信息透明的平台，让资本的需求者和供给者进行公平交易，各取所需。我们不能预设太复杂的标准，决定谁可以上市，谁不可以上市，因为这是在代替投资者（资本市场的消费者）和市场做出决策。

那么，在注册制时代，证券监管工作的重点是什么呢？

第一，提高上市公司信息披露的质量。

我们知道，从 20 世纪 30 年代美国资本市场开始，证券市场的相关立法实践始终以投资者权益法律保护为中心。在 2001 年安然会计丑闻后美国颁布的《萨班斯-奥克斯利法案》进一步把保护投资者权益立法理念的重点落实到财务信息的真实披露，因为财务造假是任何资本市场健康发展的毒瘤。而 2021 年开始实施的《外国公司问责法案》所关注的审计机构的审计质量检查同样出于确保财务信息真实的目的，可谓上述逻辑的延伸。因此，我认为，在注册制时代，信息披露质量的提高将同样成为我国证券监管机构的工作重点,不排除未来成立类似于 PCAOB 这样的专门机构的可能性。除了协调美国证券监管当局围绕中概股的审计监管合作,也许该机构的一个重要功能是通过检查我国 A 股上市公司的审计机构的审计质量,确保上市公司财务信息披露的真实性,以此为投资者权益法律保护夯实证据链条基础。

从我国资本市场的投资者结构特征出发,未来证券监管当局也许应该考虑把上市公司主要股东纳入更加重要的信息披露责任主体。我国 A 股市场普遍存在持股比例相对集中,甚至一股独大的大股东。大股东以关联交易、资金占用等方式掏空上市公司资源,损害外部分散股东的利益的行为屡见不鲜。一些学者看到,相较于外部分散股东而言,大股东具有类似于经理人的信息优势,因而主张对大股东引入类似于董事一样的诚信责任概念,开展对分散股东权益保护的法律救济。需要说明的是,不同于董事受聘于股东,并作为股东的受托人,最终从股东那里获得相应报酬,大股东不仅并不受雇于中小股东,而且在监督经理人问题上,小股东往往选择搭大股东的便车。更何况,即使法律上看似明确的董事向股东负有的诚信责任通常也难以界定,在实践中更是存在业务判断规则为董事提供免责的途径。因此,在大股东和小股东之间引入诚信责任概念在我看来并不合适。虽然大股东在法律上不必向小股东负诚信责任,但由于大股东行为会影响资本市场定价和中小股东利益,大股东应该成为负有特殊信息披露责任的主体。

而作为对照,在股权高度分散的美国资本市场,持有 1% 股份的股东就会被称为"Block Holder",因此美国信息披露责任的主体是上市公司。这也许是中国和美国的监管实践中围绕信息披露质量和信息披露主体确定的不同之处。例如,我和我的研究团队发现,很多 A 股上市公司存在大股东超额委派董事的现象。一个持股 20% 的大股东有时会委派 50% 以上的非独立董事。对比,我们建议对大股东委派董事比例设置上限。如果做不到这一点,至少应要求大股东对存在超过持股比例委派董事的情形进行信息披露。大股东还需要履行的类似信息披露责任包括委托/让渡表决权和股份代持等。通过信息披露增加信息的透明度，让投资者自己去做出判断，以此让市场更好地发挥监督作用。

除了提高信息披露质量和明确信息披露主体，监管当局还可以通过发关注函和问询函，要求上市公司提供信息披露自查报告等方式增加资本市场投资者获得上市公司信息的渠道和途径，更好地帮助投资者做出科学理性的判断。

第二，为市场中介机构发挥监督作用降低门槛，扫清障碍，提供服务。

证券监管相关政策制定的核心之一是为市场中介机构更好地发挥监督作用创造条件。例如，我国A股在允许融资融券后，一些学者就此认为中国资本市场引入了做空机制。其实做空机制更加关键的要素是存在类似浑水的做空机构。因此，在我看来，那仅仅是允许融资融券，而并非在我国A股真正确立了做空机制。未来我们也许应该鼓励类似浑水的做空机构发表独立的做空报告，在A股中真正引入做空机制。这对于那些在财务造假方面心存侥幸的上市公司而言将是真正的"致命一击"。再如，虽然康美药业案发生后我曾经发表观点，认为该事件标志着中国资本市场制度建设从之前的监管推动转向法治驱动，但我一直认为所谓中国版的（代理人）集体诉讼使得集体诉讼对上市公司违规违法行为的震慑力和威胁力大打折扣。我注意到，在"代表人""把关"选择后，实际进入集体诉讼程序的案例事实上凤毛麟角。康美药业案后又有多少家上市公司遭受集体诉讼？而每年监管当局做出行政处罚的企业不少于300家。理论上，这些企业都可能引发集体诉讼。因此我主张，从服务市场中介机构发挥监督作用的角度，未来监管当局的一个重要使命是推动相关立法，将集体诉讼制度前的"代表人"三个字去掉，同时引入国际惯例中标配的"举证倒置"，使民事赔偿的集体诉讼成为上市公司发生侵权行为的强大威慑，借助法治的力量来最终实现保护投资者权益的目的。

同样十分重要的是，监管当局对市场异常交易行为的及时监管将为小股东围绕关联交易等发起集体诉讼提供可能的法律证据。

第三，为一些上市公司选择特殊公司治理制度安排提供相应的工作指引。

一些新经济企业为了保持对业务模式创新的主导，往往需要特殊的公司治理制度安排。例如，一些企业通过发行 AB 双重股权结构股票，实现投票权配置权重向少数创业团队的倾斜。在 2019 年科创板开板前，很多新经济企业（甚至独角兽企业）选择赴美上市，在很大程度上与美国资本市场接纳"同股不同权"构架有关，代表企业如百度、京东等。一些企业则通过合伙人制度或者有限合伙构架（例如拟上市但由于监管环境的改变尚未完成上市的蚂蚁）在只发行一类股票的前提下通过公司治理制度创新变相形成了"同股不同权"构架，代表企业如阿里。

长期以来，"同股不同权"构架受到的批评是：作为投票权配置权重倾斜对象的创业团队拿出的能够为未来做出错误决策承担责任的"真金白银"很少，但凭借"同股不同权"构架，对重要决策的影响力却很大，形成了公司治理理论上所谓的现金流权（对应创业团队拿出的"真金白银"）与控制权（对应在重大事项上的投票权与影响力）的分离，存在道德风险倾向。

如何既使创业团队保持对业务模式创新的主导，同时又避免其在道德风险倾向下损害外部分散股东的利益，是新经济企业公司治理制度设计面临的突出问题。我和我的研究团队认为，正是由于包括"日落条款"在内的对创业团队权利的限制，形成的所谓"控制权的状态依存"，使得二者之间实现了较好的平衡。一百多年以前已经出现的"同股不同权"构架由此得到理论界和实务界的重新认同。

从 2019 年开始，我国 A 股科创板开始接纳"同股不同权"构架。那我们应该怎样设计公司治理制度才能实现创新导向和权益保护二者的平衡呢？这显然需要监管当局基于基础研究和别国经验提供可能的工作指引。我们这里提到的"同股不同权"构架只是其中的例子之一。

第四，引入主要交易所之间的竞争，提高交易所的服务意识和能力。

作为本身是追求盈利的企业组织（甚至是上市公司）的交易所，为了吸引更多的企业来上市融资，在全球资本市场范围内存在激烈竞争是不争事实。这种激烈竞争的态势不仅体现在主要资本市场之间，而且体现在同一资本市场内部的不同交易所之间。全球资本市场竞争的典型例子是，2018年4月，港交所完成号称"25年来最具颠覆性的上市制度改革"，开始接纳"同股不同权"构架，为四年前由于违反当时奉行的"同股同权"原则而拒绝上市的阿里以第二上市，甚至双重主要上市方式回归香港资本市场创造条件。而在2018年1月，新加坡率先修改上市制度，开始接纳包容"同股不同权"构架。除以介绍上市方式在回归后积极配合内地减缓中概股退市风险的香港上市外，包括蔚来在内的很多中概股企业同时选择在新加坡上市，实现三地交叉上市。在美国资本市场内部，纳斯达克证券交易所和纽交所之间的恩怨情仇促使了美国主要交易所之间的相互学习和借鉴。阿里在美国并非选择看似更像中国科创板的纳斯达克证券交易所，而是选择更像主板的纽交所上市，可见纽交所在吸引高科技企业上市上具有极强的竞争力。

我国A股资本市场通过强调"多层次"，人为地细分市场，原本存在竞争关系的主要交易所之间更多地形成了补充关系。我认为这在一定程度上削弱了相关交易所为了吸引更多企业上市积极进行制度创新的内在动机。未来我国证券监管当局也许可以尝试在主要交易所之间引入竞争，鼓励交易所层面的上市制度创新，最终实现服务企业权益融资和投资者权益保护的监管目的。

第 9 章 向金字塔式控股结构说"不"

9.1 金字塔式控股结构与"大而不倒"现象

2021年12月12日,在第九届中国企业家发展年会上,时任福耀玻璃工业集团股份有限公司董事长曹德旺先生谈到,"许家印总共39亿(元)的自身资本,贷款可以做到两万亿(元)。这就是中国式金融"。包括恒大集团在内的一些企业的债务危机本质上是金字塔式控股结构下资本系族内部成员之间相互抵押担保,使得原本针对单一市场主体的债务硬约束边界不断模糊,变相形成预算软约束,导致一定程度上出现所谓"大而不倒"现象。因而,避免出现曹德旺先生所谓"中国式金融"的关键是,削弱金字塔式控股结构的影响力,使金字塔式控股链条仅仅成为"管资本的链条",把资本系族中的每一家子公司还原为"自负盈亏,自主经营"的独立市场主体。

随着中国恒大(股票代码:03333.HK)于2021年12月3日发布无法履行一笔2.6亿美元担保责任的公告,广东省人民政府向恒大地产集团派出工作组,恒大集团债务危机剧集更新。

在很多人的眼中,恒大集团和已经破产重整的海航集团一样是标准的民企。如果恒大集团只是像家庭手工作坊或夫妻餐饮店（类似于经济学中的新古典资本主义企业）那样的所有权与经营权统一的民企，即使由于举债到期无法偿还本金利息，引发债务危机，理论上，债权人也可以上门把恒大集团举债时用来抵押担保的"牛"拉走，"房子"拆掉，看起来似乎并没有什么大不了的。

但问题的复杂之处在于，恒大集团是以其旗下上市公司进行显性或隐性抵押担保，因而恒大集团债务危机是与背后的权益融资深度关联的债务融资引发的投资无法收回本金和实现回报的危机。

按照官网的介绍，恒大集团是"多元产业＋数字科技"的世界500强企业集团，旗下拥有恒大地产、恒大新能源汽车、恒大物业、恒腾网络、房车宝、恒大童世界、恒大健康、恒大冰泉等八大产业，为数亿名用户提供全方位服务。其中，2009年在香港上市的恒大地产于2016年后更名为中国恒大（股票代码：03333.HK）。于2020年8月后更名为恒大汽车（股票代码：00708.HK）的原恒大健康和于2020年12月2日上市的恒大物业（股票代码：06666.HK）又是中国恒大（股票代码：03333.HK）的非全资附属公司。因而恒大集团形成了以中国恒大（原恒大地产）为核心，旗下拥有三家上市公司，至少三级的金字塔式控股结构式的资本系族，成为我国资本市场赫赫有名的"恒大系"。三家上市公司的实控人均为许家印。

因此，将债务融资与无抵押无担保、在陌生人之间实现的权益融资深度关联起来的恒大集团已经超越传统意义上的所有权与经营权统一的家庭手工作坊或夫妻餐饮店的民企，而是部分具有了所有权与经营权分离的公众公司的属性，因此，需要思考确保"投资按时收回，并取得合理回报"的公司治理问题。

作为对照，我们注意到，在"股神"巴菲特相对控股的美国伯克希尔公司也存在着类似的金字塔式控股结构。除了直接控股美国最大的汽车保险公司之一GEICO、全球最大的再保险公司之一General Re、Shaw Industries、内布拉斯加家具商城Nebraska Furniture Mart、著名的珠宝公司

Bergheim' Jewelry、北美最大的铁路公司 Burlington Northern Santa Fe、精密金属零件制造公司 Precision Castparts Corp.，伯克希尔还持有美国运通 19.57% 的股份和可口可乐 9.26% 的股份，成为上述两家公司的第一大股东。这使得伯克希尔与它所投资的企业看上去与恒大集团一样形成一个双层甚至多层的金字塔式控股结构，而巴菲特本人则成为处于上述金字塔式控股机构塔尖上的最终所有者。

而事实上，巴菲特本人仅仅利用每年 5 月召开的伯克希尔股东大会为其持股的可口可乐义务做广告，我们总感觉可口可乐是可口可乐，伯克希尔是伯克希尔。两者除了股权投资关系，几乎没有什么联系。可口可乐也不会在债务融资时请其表面上的母公司伯克希尔提供担保，更不会允许伯克希尔以"应收款"或"其他应收款"的方式占用可口可乐的资金。因此，二者看上去是有联系的，但也可以说二者几乎没有联系。

我们的问题是，巴菲特虽然通过金字塔式控股链条持有很多上市公司的股票，但为什么却没有像恒大集团那样在美国资本市场形成所谓"伯克希尔系"呢？这显然是理解类似于恒大集团这样陷入债务危机的民企的公司治理问题的关键。

第一，以由职业经理人组成的董事会为治理核心的美国公众公司并不欢迎，甚至抵制主要股东的积极作为。大股东看上去和小股东一样，只是持股稍微多了一些。

我们以伯克希尔持股比例达 19.57% 的美国运通为例。美国运通与伯克希尔签署了一项不时修订的旨在确保伯克希尔对其投资是"消极的"（Passive）协议。按照该协议，伯克希尔及其子公司同意按照美国运通董事会的建议，对公司普通股进行投票；同时伯克希尔承诺，在某些例外情况下，伯克希尔及其子公司不得将公司普通股出售给持有美国运通 5% 以上表决权证券或试图改变公司控制权的任何人。

历史上，在凯瑟琳·格雷厄姆（Katharine Graham）及其家族为《华盛顿邮报》的控制人、伯克希尔持有《华盛顿邮报》12% 股份的年代，巴菲特曾作为股东董事长期在《华盛顿邮报》董事会任职。而截至 2024 年年初，在美国运通由 15 人组成的董事会中，除了公司的 CEO 兼董事会主席为内部人，其余 14 名董事均为外部董事。这意味着持股比例高达 19.57% 但并没有委派代表自己利益诉求的股东董事的伯克希尔，对于美国运通存在的价值仅仅体现为——维持董事会在公司治理中的核心地位，在必要时防止野蛮人入侵。

而作为一个简单对照，许家印同时为恒大集团旗下三家上市公司的实控人。在这三家上市公司中，持股比例超过 60% 的母公司向子公司委派的非独立董事全部来自恒大集团，占比达 100%。而身为恒大集团董事局主席的许家印更是直接兼任中国恒大的董事长。

在目前积极推进的国有企业混改中，努力实现的目标之一是国资从以往"管人，管事，管企业"向"管资本"转换。

对于这一公司治理最佳实践，很多国企没有做到，因此我们需要积极开展国企混改；一些民企同样没有做到，因此海航集团走向破产重整，而恒大集团深陷债务危机。远在美国的伯克希尔和巴菲特却真正做到了"管资本"，其做法或许可为当前中国的国企混改提供借鉴。

第二，通过集体诉讼与举证倒置构建的投资者权益法律保护的强大网络，使得公司董事在履行向股东负有的诚信责任时小心翼翼，内部人在涉及包括财务造假等有损外部分散股东权益的行为方面不敢心存任何侥幸。

哈佛大学施莱弗教授领导的法与金融研究团队的大量经验考察表明，一国的金融发展水平和发达程度并非取决于其金融市场是基于银行体系的所谓日德模式，还是基于市场体系的所谓英美模式，而是取决于更深层次的该国法律对投资者权益的保护程度。由于普通法相较于大陆法对投资者权益有更好的保护，基于普通法法律渊源形成的法律传统成为各国公司法立法和实践学习的榜样，乃至于一些学者认为公司法的历史由此可以终结。

而在普通法所构建的对投资者权益保护的基础框架中，以集体诉讼和举证倒置为核心内容的股东对违反诚信责任的董事诉讼便利成为其典型特征之一。其实质是通过激励专业律师的参与热情，提高股东发起的违反诚信责任的董事诉讼的成功概率，以此实现法律对投资者权益的有效保护。例如，在美国的安然会计丑闻中，投资者通过集体诉讼获得的赔偿高达71.4亿美元。

2021年，广州市中级人民法院对全国首例证券集体诉讼案件做出一审判决，责令康美药业因虚假陈述侵权赔偿证券投资者损失24.59亿元，相关责任人员按过错程度或者承担全部连带赔偿责任，或者承担部分连带赔偿责任。康美药业案标志着我国A股资本市场对内部人损害外部股东利益行为的打击从以往的"监管推进"开始走向"法治驱动"。

让我略感遗憾的是，目前新《证券法》特别代表人诉讼制度下"特别代表人"的特许甚至垄断，无形中将提高小股东发起集体诉讼、用法律武器维护自身权益的门槛；同时在投资者权益保护的司法实践中往往与集体诉讼制度配套使用的举证倒置制度在这次《证券法》修订中并未"一步到位"。所谓举证倒置指的是，除非上市公司能够提供证据表明相关决策合法合规，并没有损害股东的利益，否则上市公司相关董事便是没有尽到诚信责任。举证倒置制度无疑将进一步提高股东诉讼成功的概率，使股东的投资者权益得到更好的保护。

第三是无处不在的外部接管威胁、市场做空机制以及各种专业投票代理机构共同营造的外部治理环境使得美国上市公司的董事时刻处于惴惴不安的状态，同样不敢心存任何侥幸。

外部接管威胁无疑是任何资本市场十分重要的外部公司治理力量。按照公认的结论，在美国资本市场，如果一家公众公司敢于像海航集团一样从事（过度）多元化业务，该公司的股价将出现明显的折价。这将诱发接管商发起接管威胁。接管成功的直接后果是那些没有尽到诚信责任的董事可能身败名裂，被公司辞退。

从2015年开始，我国A股上市公司第一大股东平均持股比例低于标志相对控制权的三分之一。我们认为，中国 A 股市场以"万科股权之争"为标志开始进入分散股权时代。但包括举牌的险资无可奈何地与"野蛮人"和"妖精"联系在一起，在监管当局的重拳出击之下，很快烟消云散。我国 A 股市场短暂活跃的接管并购在昙花一现之后很快进入漫长的沉寂期。

逐利动机驱动下的做空机构会比监管当局、中小股东更加敏锐地紧盯上市公司中那些"有缝的蛋"。曾经创造中概股最快上市纪录的瑞幸咖啡的财务造假，并非由审计机构或独立董事发现并识别，而是由浑水这一做空机构发现并识别的。然而，虽然允许融资融券，但中国 A 股市场目前并不存在真正意义上的做空机制。

面对越来越看不懂的财务报表、越来越不熟悉的法律规则，代表中小股东履行投票权的专业投票代理机构应运而生。即使在投资者回报实现上做得可圈可点的伯克希尔，也因董事长兼 CEO——巴菲特和副董事长芒格年薪固定 10 万美元，其他两名董事则每人获得了 1 600 万美元这一美国上市公司最高的基本工资，被代理投票顾问机构 ISS 认为"在高管薪酬与公司业绩之间没有可衡量的联系"，并一度建议股东对其"薪酬话语权"事项投反对票。

我们看到，通过董事会在上市公司中的核心作用、投资者权益的苛刻法律保护以及外部市场机制的积极威慑三个方面的共同制约，在美国资本市场，包括伯克希尔在内的持有众多上市公司股份的大股东，看似形成类似于恒大集团的金字塔式控股结构，但这些大股东仅仅停留在股东权益履行的边界内，而使每家上市公司成为"自负盈亏，自主经营"的独立市场主体。

反观恒大集团和海航集团，它们旗下的上市公司一定程度上已经丧失独立市场主体的地位，逐步演变成为资本系族下的"一盘大棋中的一枚棋子"。受上述事实影响，相关债权人在制定授信政策和进行风险管理时并非以上市公司为市场主体，围绕具体项目展开评估，而是为其背后的资本系族提供的隐性显性担保赋予更大的权重，使得债务合约不再是与上市公司或某一具体公司的合约，而是与其背后的资本系族之间的合约。

我们以媒体已经曝光的海航集团旗下的海航控股（股票代码：600221）为例。海航控股为其关联公司以拆借资金、履约代偿、为关联方提供担保等方式占用的资金总额超过95亿元，自身贷款资金被关联方实际使用的总金额超过178亿元。

因此，在我看来，恒大集团的债务危机本质上是金字塔式控股结构下资本系族内部成员之间相互抵押担保，使得原本针对单一市场主体债务的硬约束边界不断模糊，变相形成预算软约束，导致一定程度上出现所谓"大而不倒"现象。

避免恒大集团、海航集团这类民企出现曹德旺先生所谓"中国式金融"的关键是，削弱金字塔式控股结构的影响力，使金字塔式控股链条仅仅成为"管资本的链条"，把资本系族中的每一家子公司还原为"自负盈亏，自主经营"的独立市场主体。

回溯诱发恒大集团债务危机的资本系族金字塔式控股结构的制度缘起，我们不难发现，改革开放四十多年来，金字塔式控股结构首先从国企开始盛行，然后逐步蔓延到民企。一方面，由于企业集团成员之间形成内部资本市场，资源互补，抱团取暖，容易做大做强；另一方面，由于监管便利，出了问题，"谁家的孩子谁抱走"，能够及时切割，防范和化解风险，我国几乎所有的国企都处于各种复杂的金字塔式控股结构中，形成了所谓"中信系""中粮系""中油系""中化系"等庞大的资本系族。

经过三十多年的发展，从内部资本市场演化而来的金字塔式控股结构下的资本系族在我国经济生活中的各种负面效应日渐显现出来。除了以资金占用等方式掏空转移子公司、孙公司的资源，金字塔式控股结构的负面效应还体现在纵容了实际控制人机会主义性质的资本运作行为，增加了金融市场的波动性，加大系统性金融风险发生的可能性。与此同时，复杂的金字塔式控股结构不仅为监管当局监管股权关联公司的关联交易带来了困难，同时为实际控制人行贿腐败官员提供了多样化的途径，成为少数金融大鳄与腐败官员权钱交易便利的温床。

事实上，美国等成熟的市场经济国家都先后经历了从股权集中家族企业主导的托拉斯（垄断金字塔结构）盛行，到股权高度分散扁平化的企业组织结构发展阶段的转变。未来，我国资本市场也许可以借鉴成熟资本市场的发展经验，一方面通过《反垄断法》的实施和家族信托基金的发展促进企业拆分，逐步分散股权；另一方面则通过公司间股利税等的开征，增加金字塔结构的营运成本，抑制上市公司金字塔结构复杂化趋势，促使我国资本市场逐步走上健康良性的发展之路。例如，伯克希尔由于采用了税收并不友好的金字塔式控股结构，与标准普尔500公司相比，缴纳更多的公司间股利税，这使得伯克希尔总体的税负水平较高。这是巴菲特经常说，在讨论投资回报率问题上，相较于伯克希尔，标准普尔500公司才是一个好的参照系的背后原因。

即使我们在未来很长一段时期无法彻底消除金字塔式控股结构，伯克希尔案例也给我们带来了启发——我们应该通过强化董事会在上市公司中的核心作用、完善投资者权益的法律保护以及加大外部市场机制的积极威慑，来消除和阻隔金字塔式控股链条产生的资本系族影响，让每家企业真正成为"自负盈亏，自主经营"的独立市场主体。

除了上述"让每家企业真正成为'自负盈亏，自主经营'的独立市场主体"这一我国资本市场建设的长期努力方向，恒大集团暴露出来的民企治理问题提醒我们应该在短期内积极采取措施，防范金字塔式控股结构下变相形成的"预算软约束问题"在上市公司中蔓延。

我们主要的政策建议集中在以下两个方面。

第一，针对上市公司，可以通过证监会或交易所要求存在母公司的上市公司进行业务规范和公司治理规范两方面的自查，并将自查结果向资本市场投资者进行公开信息披露。

其中，关于业务规范自查的内容包括但不限于：一段时期以来，对母公司提供的抵押担保是否合规；与母公司之间的资金往来情况；与母公司之间的业务往来情况；是否存在损害股东利益的关联交易行为。

关于公司治理规范自查的内容包括但不限于：母公司在上市公司中委派董事比例是否超过持股比例，即是否存在超额委派董事问题；董事长是否由母公司委派；关联交易的审批是否严格遵循公司治理流程。

我曾经注意到一个事实，"海航控股"为关联公司提供的超过80笔担保款项是股东及关联方在未经公司董事会、股东大会审议同意的情况下，擅自以公司的名义提供的担保。

这些业务和公司治理规范自查的目的是提醒外部投资者评估上市公司债务在金字塔式控股结构下面临预算软约束的风险。

第二，针对包括银行在内的债权人，建议在制定授信政策时选择明确的市场主体，围绕某一具体项目展开，全面调低具体市场主体背后资本系族的隐性担保的权重；在进行风险评估时要充分评估金字塔式控股结构下变相形成的"预算软约束"的潜在风险，金字塔式控股结构越复杂，风险管理模型的评级越低。

海航集团破产重整的案例清晰地表明，不存在所谓的"大而不倒"的"不倒神"，倒还是会倒的，只是稍微晚一点，并且这些庞然大物在倒下时更加"轰然作响"而已。

9.2 金融控股公司：从准入监管到合规治理

为推动金融控股公司规范发展，有效防控金融风险，更好地服务实体经济，依据《国务院关于实施金融控股公司准入管理的决定》（以下简称《决定》），中国人民银行印发了《金融控股公司监督管理试行办法》（以下简称《办法》），该《决定》和《办法》自2020年11月1日起施行。

容易理解，上述《决定》和《办法》的出台，出发点是阻止类似于明天系这样的资本系族通过控股包商银行等金融机构，获得缺乏有效风险管控的资金支持，快速扩张，甚至引发系统性金融风险。按照前中国人民银行行长周小川先生的说法，"为了实现快速扩张，最近十多年，一些大型的企业都想搞金融控股公司，或者说未正式搞金融控股公司而实际在'插足'金融类公司。原因无非是能支持一定程度的自融，另外就是便于从其他地方获得融资。能快速地变成虚假资本金，可以实现快速扩张、野蛮扩张"。

如果说2015年前后我国资本市场充斥着一度被监管当局叱责为"野蛮人""妖精""害人精"的投资机构，那么，在这些投资机构中，除了已为人所知的举牌险资，其实还有很多隐身在复杂金字塔结构中的实质为金融控股公司的金融大鳄。来自内部的"中国式内部人"遭遇来自外部的门外举牌的"野蛮人"（险资），再加上这些兴风作浪的金融大鳄，共同使中国资本市场在那一时期陷入所谓的"公司治理困境"。因而，上述《决定》和《办法》的出台对于抑制其中重要一环的金融大鳄出现是具有现实意义的。

那么，我们应该如何理解和评价上述《决定》和《办法》的政策制定优点和制度设计不足呢？

第一，这次出台的《决定》和《办法》加强了对金融控股公司的准入监管，然而对金融业务监管的事中加强监管和腐败查处的强调略显不足。

这次出台的《决定》和《办法》一个政策亮点在于明确了中国人民银行作为金融控股公司准入监管主体的地位。我们知道，类似于在资本市场对国有企业的收购需要上一级国资部门批准，在波及面广、影响面大，因而"外部性"较大的金融行业，对金融机构的控股同样需要报批各级金融监管机构。在《决定》和《办法》中，则将准入监管的主体统一明确为中国人民银行。

然而，对照包商银行的案例，我们不难发现，包商银行治理危机的核心是在监管腐败下对银行业务的监管缺失。如果我们的监管当局能够依据审慎原则加强事中监管，使包商银行的每笔业务做得更像银行原本的业务，那么包商银行的控股股东是谁其实既是重要的，也是不重要的。

尽管上述《决定》和《办法》出台体现了金融业是特许经营行业和依法准入的监管理念，也符合主要国家和地区的通行做法，但上述准入监管加强无疑会提高成为金融控股公司的门槛，提升金融行业的进入壁垒，不利于打破垄断的局面和实现所有制之间的"竞争中性"。例如，在已有的金融控股公司中，明天系、海航集团、复星国际、恒大集团等民资是通过投资、并购等方式逐步控制多家、多类金融机构，而成为金融控股公司的；而阿里、腾讯、苏宁云商、京东等互联网企业是先在电子商务领域取得优势地位后，逐步向金融业拓展，获取多个金融牌照并建立综合化金融平台。如果未来新的企业集团希望成为金融控股公司，并和这些已经成为金融控股公司的在位企业集团展开竞争，那么上述准入监管政策的出台则意味着"难上加难"。

值得期待的是，这次出台的《决定》和《办法》强调以并表为基础，按照全面、持续、穿透的原则规范金融控股公司的经营行为，将有助于金融监管当局加强对金融控股公司所控股的金融机构的金融业务的监管。

第二，这次出台的《决定》和《办法》强调了对涉及金融业务的企业集团的控股链条的限制，然而，对我国资本市场普遍存在的资本系族背后的金字塔式控股结构及其微观治理基础缺乏系统的认知和相应的举措。

正如一些媒体已经注意到的那样，虽然实践中部分企业盲目向金融业扩张，隔离机制缺失，风险不断累积，但一些实力较强、经营规范的机构通过这种模式（成为金融控股公司），优化了资源配置，降低了成本，丰富和完善了金融服务，有利于满足各类企业和消费者的需求，提升金融服务实体经济的能力。那么，究竟是什么因素导致这些金融控股公司从"丰富和完善了金融服务"的积极力量，蜕化，甚至堕落为"盲目扩张，风险不断累积"的消极力量？

除了包括媒体监督、司法正义和资本市场的公平竞争等积极的外部治理环境，金融控股公司所处的金字塔式控股结构下形成的实际控制人控制权和现金流权分离显然是类似于包商银行的治理危机爆发的制度根源。我们以一个简单的例子来说明金字塔式控股结构是如何帮助控股股东实现控制权与现金流权分离的。假设有一家母公司持有子公司50%的股份，而子公司持有孙公司50%股份的金字塔式控股所形成的企业集团。虽然母公司对孙公司现金流权只有25%（50%×50%，由母公司出资占孙公司全部资本成本比例所体现），但其（通过50%控股子公司）对孙公司的控制权却是50%（由子公司对孙公司50%投票表决权所体现）。借助金字塔式控股结构，只有孙公司25%现金流权的母公司，实现了对孙公司50%以上的控制，导致了所谓的控制权和现金流权的分离。这里的控制权代表实际控制人在上市公司股东大会上以投票表决方式实现的对于公司重大决策的影响力，而现金流权则代表以实际投入上市公司出资额为表征的责任承担能力。两者的分离意味着实际控制人责任承担能力同享有的控制权的不对称，形成了经济学意义上的"负外部性"。利用（通过50%控股子公司）对孙公司50%的控制权，母公司迫使孙公司与子公司进行关联交易，把孙公司的部分资源输送到子公司。对只控制25%孙公司现金流权的母公司，以每单位25%的损失，换来子公司每单位50%的收益，由此使孙公司外部分散股东的利益受到损害。

在上述金字塔式控股结构下，对于一些非核心业务，实际控制人进行资本运作获取高额市场炒作回报的动机远远高于通过改善经营管理实现盈利增加的兴趣。他们会频繁对非核心业务或者资产置换，或者增发新股，或者并购重组等来进行市场炒作。因而，在2015年前后的那段时期我国资本市场出现的公司治理困境，隐身于金字塔式控股结构的金融大鳄和被称为所谓野蛮人的举牌险资，以及接下来分析的中国式内部人共同成为重要推手。

需要说明的是，金字塔式控股结构的存在同时成为中国式内部人控制问题的制度温床之一。这里所谓内部人控制指的是公司高管利用实际所享有的超过责任承担能力的控制权，做出谋求私人收益的决策，但决策后果

第 9 章 向金字塔式控股结构说"不"

由股东被迫承担,造成股东利益受损的现象。之所以把它称为"中国式",是因为在我国一些上市公司中,内部人控制问题形成的原因并非引发英美等国传统内部人控制问题的股权高度分散和向管理层推行股权激励计划,而是与我国资本市场制度背景下特殊的政治、社会、历史、文化和利益等因素联系在一起。

在我国资本市场,很多上市公司往往置身于通过各种复杂的控制链条连接的金字塔式的控股结构中,从而形成各种各样的资本系族。处于金字塔顶端的大股东(特别是具有国有性质的控股股东),或者奉行"无为而治",或者由于"鞭长莫及",看起来似乎存在大股东,但由于所有者缺位和大股东的"不作为",董事长往往成为一家公司的实际控制人。伴随着金字塔式控股结构控制权链条的延长,"所有者缺位"从而"内部人控制"现象变得更趋严重。

不仅如此,金字塔式控股结构还是腐败官员政商勾结的温床。复杂的金字塔式控股结构提供了多样化的利益输送途径,使得监管当局无法对关联公司的关联交易进行有效识别和监管。近年来,曝光的很多权钱交易、官商勾结丑闻都发生在金字塔式控股结构的资本系族中。同样重要的是,金字塔式控股结构的存在与当下中国社会民众普遍不满的贫富差距扩大脱不了干系。少数权贵借助金字塔式控股结构巧取豪夺,短时间内积聚了大量的财富,加剧了中国社会财富分配的不均。

尽管在我国资本市场发展早期,利用金字塔式控股结构作为内部资本市场来一部分代替当时并不成熟的外部资本市场具有合理性,然而随着金字塔式控股结构在鼓励实控人掏空所控股公司、迎合实控人资本炒作的偏好,形成中国式内部人控制,以及成为官员腐败温床,扩大贫富差距等方面负效应的显现和抬头,我国资本市场也许到了向金字塔式控股结构说"不"的时候了!

与这次《决定》与《办法》出台的政策背景、监管内容近似的一个历史对照是美国 20 世纪 30 年代大萧条期间爱迪生联邦公司的破产所导致的

1935年美国《公共事业控股公司法案》(PUHCA)的出台。该法案从防范金字塔式并购带来的财务风险出发,限制公共事业控股公司拥有太多的附属公司和交叉持股。随着美国电力行业进入管制时代,公共事业控股公司股权变得越来越分散,以致出现大量的所谓"寡妇和孤儿持股"现象,金字塔式控股结构逐渐从公共事业这一最后的堡垒消退。而金字塔式控股结构在美国其他行业的消退则是通过公司间股利税的开征,使控制子公司孙公司的金字塔母公司处于税负不利状态这一市场导向的税收调节方式实现的。美国包括公共事业在内的大部分行业从此进入股权高度分散、没有复杂的金字塔式控股结构的时代。

而在这次出台的《决定》和《办法》中,类似于PUHCA,我们对金融这一特殊行业,明确限定其所控股机构不得反向持股、交叉持股。与此同时,我们强调,金融控股公司应当具有简明、清晰、可穿透的股权结构,实际控制人和最终受益人可识别,法人层级合理,与自身资本规模、经营管理能力和风险管控水平相适应。

毋庸置疑的是,与PUHCA对公共事业控股公司的行业和区域进行了限定和规定控股公司控制不能超过两层不同,对于法人层级多少为合理,进而股权结构如何设计才能与自身资本规模、经营管理能力和风险管控水平相适应,这次出台的《决定》和《办法》事实上并没有给出成熟的答案。这一定程度表明,对于带来上述种种制度弊端的金字塔式控股结构,我们目前依然采取"犹抱琵琶半遮面"的暧昧态度。

概括而言,这次出台的《决定》与《办法》很大程度上并没有摆脱传统的监管理念、监管实施路径和监管内容设计。在监管理念中,正如其所宣称的那样,其所依据的是"宏观审慎管理"这一传统的宏观经济管理理念。例如,纳入监管的金融控股公司需要实质控制两类或两类以上金融机构(但是,控制一类金融机构的控股公司为何不再纳入金融控股公司的监管?);金融机构的总资产或受托管理资产在一定规模以上。容易理解,金融业务有限和资产规模小的金融机构,引发系统性金融风险的可能性较小，显然并不在需要"审慎管理"的范围内。在监管实施路径上，这次出台的《决定》和《办法》，更多是操作相对简单的事前监管。而对控制这次包括包商银行在内的治理危机更加重要的金融业务事中监管和事后惩罚则着墨有限。在监管内容设计上，这次出台的《决定》和《办法》，则更多是从资金来源和运用、资本充足性要求和风险管理体系构建等常规银行体系的监管思路，而没有更多地从资本市场金字塔式控股链条这一基本金融生态出发，深入到金融控股公司的微观治理结构，一般性地应用市场化的手段加以引导和调节。因而，如何从准入监管走向合规治理依然是摆在围绕金融控股公司相关政策制定面临的突出挑战。

尽管这次出台的《决定》与《办法》在监管理念、监管实施路径和监管内容设计等方面存在这样或那样的不足，但毫无疑问的是，《决定》与《办法》出台的背后表明监管当局已经意识到金字塔式控股结构存在的社会经济政治危害，开始以加强监管的方式进行限制。这是否意味着我国资本市场向金字塔式控股结构说"不"的开始呢？让我们拭目以待。

9.3 向金字塔式控股结构说"不"

除了被 2016 年时任证监会主席称为"吸血鬼"和"害人精"的各路险资，近年来在我国资本市场"兴风作浪"的还有隐身在复杂金字塔式控股结构背后形形色色的资本大鳄。这些资本大鳄通过持有控制性股份的 A 公司，（借助杠杆）收购 B 公司的控制性股份，然后通过 B 公司收购 C 公司，实现对 C 公司的控制，如此不断。除了上市公司，通过控股链条，它们还控制或参股数量庞大的非上市公司。通过层层股权控制链条，处于金字塔塔尖的实际控制人（资本大鳄）构建了一个个庞大的金融帝国。习惯上，我们把资本大鳄借助复杂的控股链条所建立的庞大金字塔式股权结构通俗称为"XX 系"。通过对上市公司的股权结构考察，我们不难发现，在我国资本市场中，很大比例的上市公司或者置身于国资背景的企业集团中，或者与资本大鳄构建的金融帝国存在千丝万缕的关系。前者的例子如旗下具有11家上市公司的央企"华润系"和持股10家上市公司的"中粮系"，后者的例子如持股4家上市公司的"明天系"、早年在我国资本市场叱咤风云的"涌金系"等。

  应该说，当初以我国上市公司作为控股子公司（或孙公司）形成金字塔式控股结构不仅来自企业融资需求满足的组织制度设计需要，而且与国企改制和产业结构调整过程中我国政府推出的一些特殊政策有关。其一，在20世纪八九十年代，我国资本市场远未成熟和有效。金字塔式控股结构此时扮演着重要的内部资本市场的角色，成为当时尚未成熟和有效的外部资本市场的补充，甚至替代。这构成金字塔式控股结构最初在我国资本市场出现最直接的理由。其二则来自当年国企改制的现实需要。为了推动亏损严重、缺乏资金的国企改制，从国企中剥离出来的优质资产优先上市，募集资金。这就是当时名噪一时的"靓女先嫁"理论。但先嫁的"靓女"未来需要承担帮助"贫穷的家庭"度过时艰的隐性责任。这样，在成为上市公司的先嫁的"靓女"和企业集团的其他部分很自然地形成了子公司与母公司的控股关系。其三，在国企管理体制改革过程中，为了避免国资委既是裁判又是运动员的嫌疑，在上市公司与国资委之间"人为"地设立用来控股的集团公司。通过集团公司，国资委实现对上市公司的间接控制。其四，在之后几轮并购重组和产业结构调整过程中，一些效益不好的企业被政府以行政命令的方式并入部分相对有实力的企业集团中，以解决当时很多国企面临的效益不好、基本薪酬无法保证、职工面临下岗等问题。其五，鉴于上市公司上市审核排队过程漫长，"借壳上市"成为一些企业选择上市变通的途径。在资产注入"壳"后所形成的新的上市公司和原有公司之间自然地形成新的控制权链条。由于上述几方面的原因，在很多国资背景的企业中逐步形成了既有部分上市公司又有大批非上市公司组成的庞大金字塔式的控股结构，即企业集团。1999年，民企开始大量上市，它们同样借鉴了国资股权结构的上述模式。这使得我国资本市场上不仅存在国资背景的金字塔式控股结构，而且存在民企背景的金字塔式控股结构。

如果说在改革开放早期，面对不够成熟、有效的外部资本市场，金字塔式控股结构所形成的内部资本市场在推动企业集团实现规模经济和快速扩张方面曾经发挥过历史性作用，那么随着我国外部资本市场逐渐变得成熟和有效，金字塔式控股结构则开始显现越来越多的负面效应。

理论上，金字塔式控股结构存在容易引发诸多负面效应的制度设计根源在于，母公司的实际控制人所需承担的责任与其对处于金字塔底端的孙公司的影响并不对称。这为实际控制人利用不对称的责权利谋取私人收益，损害其他分散小股东的利益创造了条件。我们以母公司持有子公司30%的股份，子公司同样持有孙公司30%股份所形成的三级金字塔结构为例。母公司的实际控制人，通过控股链条，在孙公司重大事项的表决中至少可获得30%的投票支持。鉴于在孙公司董事会组织和股东大会相关议案表决的上述影响力，子公司以其他应收款方式实现对孙公司资金占用的议案在孙公司股东大会表决中顺利通过成为大概率事件。这使得享有子公司30%的现金流权的母公司从上述资金占用中至少获得30%的收益。但由于母公司在孙公司投入的资本比例只占孙公司全部资本的9%（30%×30%），因而母公司由于资金无偿被占用（甚至面临未来无法到期偿还的风险）的损失仅限于其投入孙公司的9%现金流权。我们把通过董事会组织和股东大会表决实现的对公司重大决策制定的影响力称为控制权，而把由实际出资额体现的责任承担能力称为现金流权。我们看到，借助金字塔式控股结构，实际控制人成功实现了控制权与现金流权的分离。这事实上就是西蒙·H.约翰逊（Simon H. Johnson）和施莱弗等人所描述的实际控制人利用金字塔式控股结构对处于底端的孙公司进行"隧道挖掘"的实现机制。这一机制之所以被称为"隧道挖掘"，是因为实际控制人利用对孙公司的控制权以资金占用等方式把孙公司的资源转到子公司，进而由子公司转到母公司，使这一链条看上去像一条长长的隧道。

具体到我国资本市场，金字塔式控股结构日渐显现的负面效应主要体现在以下几个方面。

第一，实际控制人利用复杂的金字塔式控股结构，对子公司、孙公司进行"隧道挖掘"，分散小股东的利益无法得到有效保障，使得它们被迫选择频繁"以脚投票"。我们理解，我国资本市场散户平均持股时间较短，一方面与有待加强的对内幕交易的监管力度和处罚力度使很多投资者依然心存侥幸有关，另一方面也与在金字塔式控股结构下小股东既然无法实质参与公司治理，但又不愿成为"被宰的羔羊"而被迫"以脚投票"的心态有关。

第二，对于一些非核心控股子公司，实际控制人对资本运作甚至市场炒作的关注程度远远高于对公司治理和经营管理的关注程度。实际控制人频繁以资产置换、增发新股、并购重组，甚至更名等为题材进行炒作。受实际控制人主导的控股集团关注资本运作大于经营管理这一事实的影响，分散股东同样很难将注意力集中到价值投资本身，而是忙于通过各种途径探听内幕消息。我们看到，金字塔式控股结构下实际控制人的资本运作偏好进一步强化了小股民的投机心理。

第三，复杂的金字塔式控股结构不仅为监管当局监管股权关联公司的关联交易带来了困难，还为实际控制人行贿腐败官员提供了多样化的途径，最终使资本大鳄与部分腐败官员结成利益同盟，进行权钱交易，造成国有资产流失风险。发生在"涌金系"和"明天系"的故事前车之鉴未远。

回顾各国资本市场的发展历史，我们不难发现，金字塔式控股结构不仅是家族企业盛行的亚洲国家、欧洲国家流行的股权控制模式，而且在一些目前以股权分散为典型治理模式的英美等国家历史上都曾出现过。而美国企业的股权控制模式从列宁眼中的托拉斯模式演变为目前股权高度分散的公司治理模式，事实上与进步运动时代美国政府意识到金字塔式控股结构的上述负面效应从而采取的一系列改革措施有关。因而，今天我国资本市场在消除金字塔式控股结构及其负面效应上可以适当借鉴美国的成熟经验。

第一，通过公司间股利税的开征，控制子公司、孙公司的母公司处于税负不利状态。这被认为是20世纪初美国一些庞大的托拉斯组织解体的最重要因素之一。结合我国目前企业税负偏高与扩张的财政支出需要广开税源二者之间的矛盾和资本市场健康发展需要对金字塔式控股结构加以抑制的事实，借鉴美国历史上的经验，未来我国资本市场一个可行的做法是：一方面减少企业层面税负，使企业充满生机活力；另一方面通过征收公司间股利税以弥补财政支出的资金不足，并由此来抑制金字塔式控股结构的蔓延和发展。

第二，通过制定针对持有优先股的机构投资者获得股利回报时的税收优惠政策，鼓励机构投资者更多持有上市公司发行的没有控制权的优先股，从而有效避免机构投资者对上市公司经营管理的过度干预。最近一段时期以来，一些受盈利压力驱使的险资在举牌成为第一大股东后，不仅无意进行长期价值投资，而且甚至不惜罢免曾经带领企业从困难中走到今天的全体董事，"血洗董事会"，成为这方面的惨痛教训。这是普通投资者、监管当局、管理团队甚至险资本身都不愿意看到的结果。而如果当时这些险资持有的仅仅是优先股，则不仅从制度上可以避免其对微观经济主体的干预，从而避免"血洗董事会"式的悲剧发生，而且客观上有利于更好地实现险资保值增值的目的。对于目前正在积极推进的国企混改，上述讨论的一个启发是，部分国有企业也许可以考虑把部分普通股转为优先股。在上述针对优先股的税收优惠政策推出后，以优先股为主的国有资本一方面可以利用税收优惠和优先股的股息优先偿还，实现国有资本的保值增值目的，另一方面则有助于从根本上实现我国国企改革从"管企业"到"管资本"转变的目标。

第三，通过征收遗产税等措施鼓励金融大鳄从股权控制向公益性基金转变。性质转变后的公益性基金更加关注资金的安全和回报的稳定，而不再简单谋求公司的控制权，以及资本运作和市场炒作。

现在让我们设想我国资本市场上市公司的普通股主要由个人投资者直接持有，而险资等机构投资者主要持有优先股，即金字塔式控股结构比较简单的情形。对于个人投资者，由于并不存在被原来金字塔式控股结构实际控制人进行"隧道挖掘"的可能性，所持股公司也不会被作为市场炒作的对象，他们的投机动机将相应减弱，被迫转向价值投资，甚至开始关心上市公司的治理和经营管理状况；而对于持有优先股、没有投票权的机构投资者，出于保值增值的目的，它们既缺乏市场炒作和资本运作的动机，也缺乏相应的实现条件，近年来我们观察到我国资本市场由于险资举牌掀起的"腥风血雨"可能就此消弥于无形；缺乏复杂的金字塔式控股结构作为掩护和载体，以往部分腐败官员的权力和资本的勾结可能由此难以为继；而上市公司可能由此不再担心野蛮人的入侵，开始专注于公司治理的改善和经营管理的提升。一个健康良性发展的资本市场由此开始形成……

第10章 资本监管实践的认识误区

10.1 误区之一：用公立代替监管职责履行

2019年前后发生的系列虐童丑闻引发了公众对幼儿园应该为"公立还是私立"的讨论。陈志武教授一篇题为"幼儿园为何不该由营利性公司办？"的旧文被众多微信公众号纷纷转载。"张三和夫人李四白天都要上班，只好把一岁半的女儿张丽放在托儿所。"面对"提供教育服务的是托儿所老师，得到服务的是张丽，而付钱交学费的是张三夫妻"这一三方无法"互信"的局面，陈教授主张，幼儿园应该通过选择"公立"以承诺非营利性，以此来获得公众的信任。陈教授是我十分尊敬的学者和老师，我理解该文的初衷是以幼儿园为例讨论信息不对称对选择公立（幼儿园）还是私立（幼儿园）的可能影响，而并非刻意强调公立是幼儿教育提供的唯一组织形式。我们接下来试着从陈教授关注的场景出发，来讨论幼儿园究竟应该为公立还是私立的问题。

首先，市场中产品和服务的消费者与生产者之间的信息不对称总是存在的，只是或多或少的问题。陈教授注意到，只有一岁半、不能言说的女儿张丽，以及白天都要上班的张三夫妻无法对幼儿园服务质量进行评价，于是提供教育、得到教育与为教育付费的是完全不同的三方，且三方之间存在严重的信息不对称。循着陈教授的逻辑，我们不难发现，除了幼儿园服务质量本身，围绕张丽日常生活几乎所有的用品和服务，例如尿不湿、奶粉甚至母乳本身都存在类似的信息不对称问题。不能言说的张丽既不能对幼儿教育提供质量进行判断，并及时将判断传递给父母，同样不能判断其他产品和服务同样是否名副其实和物有所值。事实上，不用说只有一岁半、不能言说的张丽，即使已经是成年人的张三夫妻同样无法对这些产品和服务的质量做出评价，否则我们很难解释为什么很多爱孩子甚至超过爱自己的父母会为儿女购买"毒奶粉"。但这并不意味着包括尿不湿、奶粉等在内的必需品一定全都要由非营利性的公立机构来提供。

其次，面对普遍存在的信息不对称问题，市场会在一定程度上自发形成某种解决方案，其中企业的出现就是解决信息不对称最重要的市场化解决方案之一。爱女心切的张三夫妻总会尝试通过各种途径去了解女儿张丽在幼儿园所受到的种种待遇。2019年前后曝光的几起案件不正很好地证明了"若要人不知，除非己莫为"吗？家长虽然不清楚谁是施害者，但如果有证据表明自己的孩子受害，那一定会首先怀疑孩子所在的幼儿园。如果幼儿园的法人代表不能成功地帮家长找到相应的施害者，那么该法人代表势必需要承担相应的连带责任。这事实上就是市场经济中企业存在的价值。所谓"跑得了和尚跑不了庙"，而作为声誉载体的企业就成为约束"游方和尚"的"庙"。事实上，张三夫妻之所以愿意把女儿张丽托付给幼儿园，显然并不是因为他们认识其中的一位阿姨，而是相信幼儿园这一机构会通过内部组织管理来提供基本的服务保障。涉事企业在国内发生虐童丑闻后，很多人想到，鉴于该企业在美国上市，可以利用长臂管辖原则和集体诉讼制度来使涉事企业受到应有的惩罚。尽管我们知道集体诉讼主要针对投资者，但股价的应声下跌事实上成为这家涉事企业所遭受的连带处罚之一，毕竟企业是声誉的载体。一个好的企业往往有动机通过提供高质量的产品和服务，赢得顾客信任，建立良好声誉，最终实现盈利和基业长青的目的。

陈教授注意到，一些好的幼儿园会选择设立开放日等形式加强与家长的沟通交流，减少双方之间的信息不对称。在陈教授看来，幼儿园为了获得公众的信任可以选择"公立"以承诺非营利性。事实上，对于信息不对称问题的解决，幼儿园同样可以选择多举办开放日活动及其他亲子活动来向市场传递信号，使自己与那些无法保障幼儿教育质量的幼儿园区分开来。斯蒂格利茨等一些经济学家认为，信息不对称导致市场失灵，因而需要政府"看得见的手"干预。但哈耶克等奥地利学派经济学家很早就指出，市场恰恰是解决信息不对称的有效手段。例如，需要外部融资的企业和进行储蓄的储户之间的信息不对称催生了金融中介服务的市场需求，而金融中介组织的存在反过来降低了资金供需双方的信息不对称；而当金融中介组织的运行效率不能有效满足金融市场对金融中介服务的质量要求时，包括支付宝在内的各种新的促使交易成本降低的支付手段应运而生，成为金融中介服务的新生力量。正是在上述意义上，张维迎教授强调"不是市场（在解决信息不对称问题上）失灵，而是市场经济理论（因无法解释上述现象而）'失灵'"。

再次，企业提供质量有保障的服务和产品很大程度上与监管机构基于信息透明的公正执法有关，而与企业是公立性质还是私立性质则关系不大。陈教授围绕"信息不对称对选择公立（幼儿园）还是私立（幼儿园）的影响"这一看似漫不经心的学术讨论再次触发了人们关于"唯利是图的私有制成为'万恶之源'"的历史记忆，很多读者把虐童事件的发生与幼儿园的私立性质联系在一起，甚至认为只有公立幼儿园才能提供质量有保障的服务和产品。一个显而易见的事实是，不管是公立幼儿园还是私立幼儿园都可能会发生虐童事件，就如同民营企业和国有企业都可能生产"毒奶粉"。可见，企业提供质量有保障的服务和产品离不开市场中的"监督者"。我们很高兴地看到，在虐童案发生后，相关政府部门在较短的时间内推出了很多加强监管的举措。教育部也表示将推进学前教育立法。这事实上是政府大有可为的地方。

需要说明的是，很多人对产品和服务的质量监管可以通过国有控股，从而所谓的公立来实现的观点深信不疑。很多年以前，一些省试图通过国有煤矿对民营煤矿的并购来解决煤矿安全生产问题，以此把安全生产的监管责任从政府转嫁给国企。除混淆市场中"球员"与"裁判"的角色，对其他市场参与者形成不公平竞争外，这些整合后的煤矿并没有由此从根本上解决安全生产问题。相反，行政命令下的并购行为反而使这些国有煤矿"消化不良"，直接导致了部分企业经营的困难。毕竟，盈利动机明确的私立机构十分清楚，只有提供稳定优质的产品和服务，才能获得市场的认同并最终赚到钱。坑蒙拐骗只能赚"一时的钱"，而无法赚到"一世的钱"。除了明确的盈利动机成为高质量产品和服务提供的承诺，私立机构同样具有一定的责任承担能力，而不需要政府隐性担保，甚至纳税人的公帑来"填窟窿"。作为对照，按照弗里德曼的观点，公立机构最典型的弊病是：花别人的钱办别人的事，既不讲节约也不讲效率。

私立机构在政府透明公正的监管下同样可以提供适应市场需求的产品和服务。一个典型的例子是2016年重庆财信企业集团等来自中国的数家民企发起对美国芝加哥证券交易所的收购。该收购不仅得到芝加哥证券交易所董事会的一致同意，而且美国相关监管机构同样对此表示欢迎。收购成功并不意味着入股芝加哥证券交易所的重庆财信企业集团可以利用股东的影响力为来自家乡的企业在芝加哥证券交易所上市大开方便之门。芝加哥证券交易所需要严格履行当初向美国监管当局和资本市场做出的提供公平公正中介服务的承诺，而不管其股东是谁、来自哪个国家，否则将面临严重的监管处罚。这个例子告诉我们，产品和服务质量的保证一方面需要靠有责任承担能力同时盈利动机明确的企业作为声誉载体对市场声誉的珍惜，另一方面则需要政府透明公平的监管执法和法律对消费者权益的严格保护。单纯依靠公立的非营利性，甚至依靠政府股权控制来形成所谓的"公立"，而不积极进行政府的监管作为未必可以实现预期的产品和服务质量保障。

最后，2019 年前后陈教授提出的幼儿园"非营利性"的公立在幼儿教育市场严重供给不足的当时并非解决问题的良方。通过允许私立幼儿园进入幼儿教育市场恰恰可以更好地满足当时市场对幼儿教育的巨大需求。在我们看来，恰恰是由于供给不足，没有形成充分竞争，市场中才会出现处于卖方市场的幼儿园降低服务标准、抬高价格的现象。在当时的情况下，与加强监管执法同样重要的一个举措是鼓励更多的私立幼儿园进入幼儿教育市场，通过竞争形成幼儿园服务质量改善的外部压力。毕竟，企业只有通过提供高质量的产品和服务才能赢得顾客的信任，最终才能实现盈利和基业长青的目的。

概括而言，除了幼儿教育，市场中几乎任何产品和服务，在消费者与生产者之间都会存在一定程度的信息不对称。但市场会自发形成某种解决方案，其中企业的出现就是信息不对称问题最重要的市场化解决方案之一。因而，幼儿园的公立或私立性质并非虐童现象能否杜绝的关键。幼儿教育质量保障一方面来自具有责任承担能力的企业在市场竞争中良好声誉的形成，另一方面则来自政府相关部门积极的监管作为。

10.2　误区之二：用股权控制代替资本监管

从 2017 年开始，政府在两家互联网媒体初创公司进行"国家特殊管理股"制度的试点工作。互联网监管部门和人民网持有移动新闻平台一点资讯和北京铁血科技股份公司不到 2% 的股份。作为交换，互联网监管部门和人民网可任命一位政府官员为公司董事会成员，并对公司运营拥有话语权。之后，这项工作开始在相关领域推开，例如，媒体曾报道，中国互联网监管部门就持有 1% 的国家特殊管理股与社交媒体公司腾讯、微博以及阿里旗下视频网站进行磋商。

我国国家特殊管理股的推出一度让人联想到英国于 1984 年实施英国电信的私有化方案的金股。英国电信向市场出售 50% 股份，成为民营公司。在10年内的3次减持过程中，英国政府完全放弃其拥有的股权与收益，只保留了一股金股。金股的权利主要体现在否决权，而不是受益权或其他表决权，金股通常只有一股，几乎没有实际经济价值。私有化之后的英国电信在商业上取得了巨大成功，跻身全球顶尖电信运营商之列。

我们注意到，与确保英国电信私有化过程平稳过度推出的权宜之计金股不同，我国试点推出的国家特殊管理股不仅需要投入资金才能获得，而且还需要任命一位政府官员为公司董事会成员，并对公司运营拥有话语权。我们理解，相关部门推出上述举措，主要出于以下考虑：其一是希望更好地履行涉及外部性的产品和服务提供的行业监管职能，提高监管效力；其二是借助看起来更加符合市场原则的现代公司治理构架来履行监管职能，来代替那些看上去显得呆板生硬，同时缺乏效率的传统监管举措。上述举措的初衷无疑是好的，但由于违反了股权设计应该遵循的基本原则，我们担心上述举措反而会混淆监管和股权行使的边界，使原本清晰的董事对股东在法律上负有的诚信责任变得模糊，与最初推出相关举措的初衷背道而驰，甚至最终适得其反。

我们试图从以下三个方面来讨论国家特殊管理股可能存在的设计误区。第一部分讨论股东权利的法理基础，揭示为什么股东是公司治理的权威；第二部分讨论股权设计应该遵循的原则；第三部分通过比较股权行使与监管职责履行在法理基础等方面的差异，讨论二者的不可替代性。

10.2.1 股东权利的法理基础

股东作为现代股份公司治理的权威是现代企业理论经过长期发展最终形成的一致性认识。科斯在开现代企业理论先河的"企业的性质"一文中指出，在资源配置过程中，企业通过权威命令与计划代替市场中的价格机制，实现了交易成本的节省。公司治理最初的含义由此被科斯理解为"权威的分配和实施"。企业理论围绕谁应该成为权威，权威如何分配以及权威如何实施的问题展开了长期的讨论。直到2016年，诺贝尔经济学奖得主哈特于20世纪90年代发展的现代产权理论才明确股东成为企业公司治理的权威。

通常而言，与持有债权相比，投资者选择持有一家公司发行的股票看上去往往不靠谱得多。例如，权益融资不会有债务合约通常规定的标的资产做抵押，同时也不像债务合约那样具有明确的贷款期限和利息水平规定。现代股份公司还时不时把"除非董事会做出承诺，否则发放股利不是公司的一项义务"挂在嘴边，表示在公司经营状况不好时不向投资者发放股利。更加重要的是，现代股份公司所聘请的职业经理人并不为大众所熟悉。但问题是，投资者为什么愿意购买现代股份公司发行的如此"不靠谱"的股票呢？这就是所谓的"现代股份公司之谜"。像现实生活中存在的其他众多谜团一样，这一问题也曾长期困扰着众多经济学家。

哈特从股东与现代股份公司围绕未来投资回报签订的合约所具有的上述"不完全"特征出发，发展了现代产权理论，揭开了投资者愿意成为股东的"现代股份公司之谜"。按照哈特的观点，股东与现代股份公司签署上述不完全合约，股东在完成投资后会面临现代股份公司事后的"敲竹杠"行为。投资者对上述机会主义行为有所预期，事前投资的激励将不足，没有人愿意购买现代股份公司发行的股票。那么，如何解决投资者对现代股份公司的投资激励不足问题呢？哈特给出的一个重要政策建议是通过产权安排，让投资者成为所有者，享有所有者权益，投资者自然就愿意购买上市公司发行的股票了。

在哈特看来，所有者权益（或者说现代产权）应该包括以下两重含义。其一是剩余索取权，即成为所有者的股东的受益顺序排在债权人、雇员等合同收益者之后，并以出资额为限承担有限责任。这是所有者需要履行的义务。其二是剩余控制权，即股东对（不完全合约中未涉及的）重大事项以投票表决的方式进行最后裁决。这是所有者可以享有的权利。具有了剩余控制权的股东由此并不担心在投资完成后现代股份公司的"敲竹杠"行为发生，因为对于不完全合约未规定的事项最终由投资者决定。由于通过购买股票而成为股东的投资者不止一个,持有的股票越多,未来承担现代股份公司经营失败的风险就越大,因此,为了使权利与义务得到很好的匹配,股东在对现代股份公司的所有者权益集体所有的基础上,按持有数量的多寡以投票表决的方式对公司重大事项进行最后裁决。三分之二多数原则在各国公司法实践中被广泛采用,很大程度上与权利和义务匹配的理念有关。

现在我们可以回答为什么投资者愿意投资与债权相比看上去更不靠谱的股票了。显然是现代股份公司为了鼓励投资者投资,向投资者做出的"投资者成为股东将(集体)享有所有者权益"的庄重承诺。之所以把这一承诺称为庄重承诺,是因为保护股东所有者权益的机制和条款不仅体现在作为标准化合约的公司章程中,而且体现在《公司法》《证券法》等法律制度上。通过上述公司治理构架和相应法律制度,股东在公司治理实践中成为当仁不让的权威。

概括而言,一方面,投资者可以为最终做出的决策以出资额为限承担有限责任;另一方面,通过股东大会集体行使所有者权益,股东成为公司治理的权威。而以合约不完全作为逻辑出发点的现代产权理论则为股东成为公司治理权威提供了法理和经济学基础。

10.2.2 股权设计应遵循的原则

从哈特基于不完全合约发展的现代产权理论出发,一个看似自然的逻辑推论是公司治理实践中应该形成"股权至上"的传统。在股东围绕重大事项的投票表决中相应遵循"同股同权"和"一股一票"原则。然而,需要注意的是,"同股不同权"的公司控制权安排模式不仅近年来频繁出现,而且历史上也曾多次出现过。除两百多年前曾在美国出现的用来限制大股东的权利,防范大股东剥削小股东的渐减投票权(Graduated Voting Rights)外,对"同股同权"原则直接构成挑战的是双重甚至多重股权结构股票。从表面看,又被称为"不平等"投票权的双重股权结构股票似乎与同股同权所宣扬的"平等"格格不入。

中国企业发行双重股权结构股票的一个典型例子是2014年在美国纳斯达克上市的京东。京东同时发行两类股票。其中，A类股票一股具有一份投票权，B类股票一股则具有二十份投票权。出资只占20%的创始人刘强东通过持有B类股票，获得83.7%的投票权，实现了对京东的绝对控制。2017年3月2日在美国纽交所上市的Snap甚至推出三重股权结构股票。其中，A类股票没有投票权，B类股票一股有一份投票权，而C类股票一股有十份投票权。分享全部C股的两位联合创始人埃文·斯皮格尔（Evan Spiegel）和鲍比·墨菲（Bobby Murphy）共拥有该公司88.6%的投票权，Snap由此被牢牢掌控在两位联合创始人手中。

按照不平等投票权逻辑开展股权设计的一个有趣案例来自2014年在美国纽交所上市的阿里。通过推出合伙人制度，阿里变相地推出不平等投票权股票。从当时阿里的股权结构来看，第一大股东日本孙正义控股的软银和第二大股东雅虎分别持有阿里31.8%和15.3%的股份。阿里合伙人共同持有13%的股份，其中马云本人持股比例仅7.6%。但根据阿里公司章程的相关规定，以马云为首的阿里合伙人有权任命阿里董事会的大多数成员，从而成为公司的实际控制人。在阿里由11人组成的董事会中，其中5位执行董事全部由合伙人提名。阿里大部分的执行董事和几乎全部重要高管都由阿里合伙人团队出任。持股比例高达31.8%的第一大股东软银仅仅在董事会中委派了一名观察员。

从形式上看，随着互联网时代资本约束门槛的降低和人力资本价值的提升，无论京东的双重股权结构，还是阿里的合伙人制度都与从哈特以来人们宣扬的公司治理理论实践的最优模式"同股同权""股权至上"相去甚远。股权设计的理念看似发生了重要的转变。但需要说明的是，股权设计背后所需遵循的基本逻辑和原则并没有由此发生改变。

概括而言，股权设计所需遵循的"不变"原则应该包括以下几个方面。

第一，对股东意愿的充分尊重。这一原则的实质依然是对股东作为公司治理权威享有所有者权益的事实尊重。我们看到，对于京东发行的双重股权结构股票，投资者是否愿意购买和以什么价格购买与B类股票投票权不同的A类股票完全是标准的市场行为。由于投票权不同，对控制权的影响力不同，一个可以想象并被经验证据证明的结果是，具有更高投票权的B类股票的价格要高于A类股票。

充分尊重股东意愿原则的一个更为典型的体现是持股比例高达31%的软银和持股比例为15%的雅虎对阿里实际控制权"心甘情愿"的放弃。软银并没有像在我国"一股独大"治理模式下所司空见惯的那样——作为大股东主导公司治理制度安排。软银不仅没有直接委派董事，甚至董事长，而且还放弃了董事候选人的提名权，仅仅在董事会中委派了一名不参与实际表决的观察员。而持股比例为15%的雅虎更是连观察员都没有委派。我们看到，软银和雅虎通过支持合伙人制度，将阿里的实际控制权交给持股比例仅13%的阿里合伙人，使得阿里合伙人专注于业务模式的创新，软银等虽放弃控制权，但依然赚得钵满盆满。

第二，专业化分工的深化。现代股份公司由于实现了资本社会化和经理人职业化的专业化分工，与新古典资本主义企业相比，极大地提升了管理经营效率，带来了人类财富的快速增长。我们看到，无论京东的双重股权结构股票还是阿里的合伙人制度都是现代股份公司专业化分工逻辑的延续。在阿里，通过合伙人制度，阿里实现了从阿里合伙人与主要股东软银雅虎等之间短期雇佣合约向长期合伙合约的转变。正如亚当·斯密曾经说过的，"在钱财的处理上，股份公司的董事是为他人尽力，而私人合伙公司的伙员则纯为自己打算。因此，要想股份公司的董事们监视钱财用途，像私人合伙公司伙员那样用意周到，那是很难做到的。有如富家管事一样，他们往往拘泥于小节，而殊非主人的荣誉，因此他们非常容易使他们自己在保有荣誉这一点上置之不顾了。于是，疏忽和浪费，常为股份公司业务经营上多少难免的弊端"。阿里合伙人与软银、雅虎等主要股东之间的专业化分工由此得以深化，形成所谓的"铁打的经理人，流水的股东"，甚至"铁打的经理人,铁打的股东"局面。一方面由阿里合伙人专注业务模式创新,另一方面由软银、雅虎等股东则专注风险分担。上述专业化分工深化的客观好处是可以有效防范"野蛮人"入侵。当万科原创始人王石率领的管理团队由于"野蛮人"的入侵而焦头烂额、寝食难安时,阿里合伙人与刘强东通过上市控制权安排可以心无旁骛地致力于业务模式的创新。这事实上是双重股权结构股票在经历了近百年的"不平等"指责后重新获得理论界与实务界认同的重要原因。"同股不同权"的双重股权结构股票看似"不平等",却更好地实现了对投资者权益的"平等"保护。

第三,股东对企业财产权的集体所有。资本社会化属性决定了享有现代股份公司所有者权益的不是一部分股东,而是全体股东。因而在现代股份公司,全体股东集体享有所有者权益成为考虑股东所有者权益保护事项时不得不面对的一个基本事实。与之相对应的一个《公司法》实践是,股东大会以投票表决方式依据三分之二多数原则对公司重大事项进行最后裁决。除三分之二多数原则所体现的兼顾大部分股东利益外,在各国公司治理实践中,并没有由此忽略对处于信息弱势的中小股东利益的保护。其中,一个十分重要的举措就是累积投票制度。所谓"累积投票制度"指的是以局部集中的投票方法,使中小股东选出代表自己利益的董事,避免大股东垄断全部董事的选任的股东表决制度安排。我们看到,累积投票制度的推出同样并非对"同股同权"或"一股一票"原则的违背,而是以更好的方式和在更高的层面实现对不同股东权益的保护,因而受到各国公司治理理论界和实务界的普遍认同。

第四,董事与股东之间法律上明确的诚信责任。由于股东集体享有所有者权益,以投票表决的方式对公司重大事项进行最后裁决,股东由此成为公司治理权威。董事在法律上向股东负有诚信责任,即董事需要履行忠诚义务和勤勉义务来实现股东价值的最大化。在传统的治理构架下,董事在法律上向股东负有诚信责任是相对清晰的。而清晰的诚信责任界定为司法实践法律对投资者权益的保护带来便利。我们看到,当国家特殊管理股以实施监管的名义被推出时，一定程度上把股东的部分所有者权益保护交由第三方，从而形成模糊的诚信责任——能够承担决策后果的股东无法做出决策，而无法承担决策后果的第三方却有权做出决策。当股东与第三方的利益发生冲突时，引入第三方将使董事处于多头负责的状态。理论上，董事可以以避免损害第三方的利益为借口而损害股东的正当利益，甚至借保护第三方利益和股东利益之名，行追求董事私人收益之实，使第三方与股东的利益全都受到损害。

对照上述股权设计需要遵循的基本原则，我们看到，国家特殊管理股既不能很好地体现专业化分工的深化，又违反所有者权益集体分享的原则，无法体现对股东作为公司治理权威的尊重。因此，我们认为国家特殊管理股的推出在股东大会表决通过时面临挑战。很多股东会毫不犹豫投下反对票，甚至选择"以脚投票"。

10.2.3 股权行使与监管职责履行的不可替代性

通过推出国家特殊管理股来改善监管效力，除违反上述股权设计应该遵循的基本原则外，还在一定程度上混淆了监管职责履行和股权行使的边界，容易导致监管的越位、错位和缺位。

前面的分析表明，股东享有所有者权益是基于股东与现代股份公司签署的合约的不完全性质，从鼓励投资者购买现代股份公司的股票的动机出发所做出的公司治理制度安排和现代股份公司向投资者做出的庄重承诺。通过上述公司治理制度安排，现代股份公司一方面使股东作为公司财产的共同所有者成为公司治理的权威，另一方面明确董事向股东负有法律上清晰的诚信责任。因此，股权行使的法理和经济学基础是哈特发展的基于不完全合约的现代产权理论。

对照监管实践，我们看到，其法理和经济学基础来自负外部性的存在和科斯定理。按照科斯定理，无论上游钢铁厂有向下游渔场排污的权利，还是下游渔场有不被上游钢铁厂污染的权利，当双方交易成本为零时，通过合理补偿对方，总可以达到有效率的钢铁生产量和排污量。因而，产权的初始配置状态与资源配置的最终效率无关。但由于现实经济生活中双方讨价还价、履行合约的交易成本不为零，初始产权的界定和保护就变得十分重要，因此需要引入第三方监管，以减少负外部性。而作为"守夜人"和市场经济中"裁判"的政府自然成为界定和保护初始产权并降低负外部性的理想的第三方。在上述意义上，科斯发展的这一产权无关性定理（即"科斯定理"）成为现实经济生活中外部性引发的政府监管职责履行行为的法理和经济学基础。

我们把股权行使与监管的差异总结为表10-1。可以看到，无论法理基础、行使范围、实施主体还是实施目的，二者均存在重大差异，我们不能通过股权行使来简单代替监管职责的履行。

表 10-1 股权行使与监管的差异

	法理基础	行使范围	实施主体	实施目的
股权行使	基于不完全合约的现代产权理论（哈特）	公司内部	被法律认同为集体享有所有者权益的股东	鼓励投资者投资
监管	负外部性的存在和科斯定理	存在负外部性，需要进行产权界定和保护的事项	第三方（政府）	降低负外部性

混淆股权行使与监管边界可能会导致监管的缺位、越位和错位。例如前文提到的一些省试图通过国有煤矿对民营煤矿的并购来解决煤矿安全生产问题，结果反而使这些国有煤矿"消化不良"，直接导致了部分企业经营的困难。

而对于涉及国防军工等的特殊产业，除可以参照上述监管实践严格执行外，还可以根据军工行业的特殊性，制定特殊监管条例。一个极端的例子是，即使是一些看起来涉及国家安全的军用设备，也可能通过采购招标的形式由民营企业生产。例如，波音通过投标承担了很多美国国防军用设备的制造。我们看到，只要监管（对波音违反保密协议有形和无形的惩罚）到位，即使涉及国家安全的军用装备由民企还是国企制造都变得无关紧要。

前文提到，政府在文化产业领域尝试推行"国家特殊管理股"制度。按照媒体报道，互联网监管部门和人民网将持有移动新闻平台一点资讯和北京铁血科技股份公司不到2%的股份。作为交换，监管部门和人民网可任命一位政府官员为公司董事会成员，并对公司运营拥有话语权。

然而，需要我们注意的是，上述文化产业监管实践并不适用军工企业监管研究。最明显的一点是，国家并不需要向这些企业投入新的资金，因为这些企业原本就是国有的，即使混改后也是由国家控股。而一点资讯和北京铁血科技股份有限公司都是由民企发起投资的全新文化产业，如果没有资金的投入（尽管持股比例不到2%），按照《公司法》"同股同权"原则，相关机构不可能享有"特殊管理股"。当然，一个甚至没有出资的人来从事只有股东才可能涉及的委派董事工作更是不会被允许的。

第二，在前述文化产业的案例中，即使相关机构以不到2%股份的投入获得董事会的一个席位，这在各国资本市场的发展历史上也是十分罕见的。这一现象在公司治理实践中被称为"超额委派董事"。所谓超额委派董事指的是主要股东通过董事会组织过程中提名更多董事，从而形成董事会重大决策的实际影响力与其持股比例所反映的责任承担能力"分离"的公司治理现象。例如，在宝能系与南玻A控制权之争的案例中，由9位董事组成的董事会中，除了3位独立董事，持股比例仅25.77%的宝能系却委派了6位内部董事中的3位，占到全部非独立董事的50%。

传统上，超额委派董事与金字塔式控股结构以及由家族成员出任家族企业董事长一样，被认为是控股股东实现公司控制的重要途径。我们以金字塔式控股结构为例来说明控股股东如何借助上述途径和机制来实现公司控制。假设有一家母公司持有子公司50%股份，而子公司持有孙公司50%股份的金字塔式控股结构所形成的企业集团。虽然母公司对孙公司现金流权只有25%（50%×50%，由母公司出资占孙公司全部资本比例所体现），但其（通过50%控股子公司）对孙公司的控制权却是50%（由子公司对孙公司50%投票表决权所体现）。借助金字塔式控股结构，只有孙公司25%现金流权的母公司，获得了对孙公司50%以上的控制权，导致了所谓控制权和现金流权的分离。这里的控制权反映实际控制人对重大决策的影响力，而现金流权则反映责任承担能力。二者的分离则意味着承担责任与享有权利的不对称，形成一种经济学意义上的"负外部性"。最终所有者可以利用上述控制权与现金流权的分离机制通过关联交易、资金占用等对孙公司的资源进行"隧道挖掘"。例如，利用对孙公司50%的控制权，母公司可迫使孙公司与子公司进行关联交易，把孙公司的部分资源输送到子公司。对孙公司只拥有25%现金流权的母公司，以每单位25%的损失，换来子公司每单位50%的收益，由此使孙公司外部分散股东的利益受到损害。正因如此，在各国公司治理实践中，与大股东相关的资金占用、资金担保、关联交易不仅是监管关注的重点，而且需要独立董事围绕上述事项出具独立意见。

容易理解，与金字塔式控股结构一样，第一大股东通过超额委派董事，实现出资比例所体现的责任与委派董事所产生的对董事会决策实际影响所体现的权利的"分离"和"不对称"，同样形成一种经济学意义上的"负外部性"。正是在上述意义上，超额委派董事与金字塔式控股结构以及由家族成员出任家族企业董事长一样，在公司治理实践中被认为是第一大股东实现公司控制的重要途径。各国纷纷强调，公司应当合理设置控股股东能够委派董事的上限，保证其承担责任和拥有的控制权相匹配，并通过完善累积投票制度和独立董事制度来使中小股东的利益诉求得到充分的体现和保护。

第三，从英国等国特殊管理股推行的实践来看，其推出的金股同样既不涉及认购股份的问题，又不涉及委派董事的问题。英国在1984年实施电信私有化方案过程中推出有点类似于"国家特殊管理股"的金股。英国电信向市场出售50%股份，成为民营公司。在10年内的3次减持过程中，英国政府完全放弃其拥有的股权与收益，只保留了一股金股。容易理解，英国当时推出金股的目的在于确保私有化过程的平稳进行,而不是试图利用金股去完成政府的监管意图,因而既不涉及认购股份的问题,又不涉及委派董事的问题。这是因为英国的金股权利主要体现在否决权,而不是受益权或其他表决权,金股通常只有一股,几乎没有实际经济价值。

第四,之所以强调特殊管理股的"一票否决权",而不是董事会的"一票否决权",是因为股东是公司治理的权威,董事并不应该也没有权利以"一票否决"的方式来代替股东相关意志的表达。道理同样是,股东是公司的所有者。股东享有受法律保护的所有者权益,意味着他们不仅可以以在股东大会表决的方式对公司重大事项进行裁决,而且能够为所做出的(甚至有时是错误的)决策以出资额为限承担相应的责任。换句话说,公司围绕重大事项的决策都会通过股东大会讨论和表决这一环节。一项涉及重大事项的议案无论董事会支持还是否定,能否通过最终取决于股东的讨论和表决。这意味着,如果规定了国家特殊管理股的"一票否决权",对于重大事项需要经过股东最后讨论并表决的公司治理制度安排,其实就没有必要再设置相应董事会的席位。我们理解,一点资讯和北京铁血科技股份有限公司委派董事的目的在于增加信息获得的途径。而事实上作为股东仅仅应该关心重大事项。如果希望通过设立董事掌握经营管理的细节,显然与我们目前国企改革从"管企业"到"管资本",确保经营权和所有权分离的改革方向是背道而驰的。何况,股东(特别是作为国家特殊管理股持有人的政府机构代表)有很多途径获得公司相关经营管理的信息。

第五,退一步讲,即使最终设立了具有"一票否决权"的国家特殊管理股,也未必能达到预期效果。给定行使"一票否决权"明确严格规定的条款,一旦董事预期到相关议案会被国家特殊管理股一票否决,当然没有必要向股东大会提出相关议案。此时设立或不设立代表国家特殊管理股的董事席位并没有什么本质的区别。而选择设立只会增加董事的岗位和公司治理制度的运行成本。

基于以上理由，我们认为，针对我们关注的对象的国家特殊管理股尝试实践，不存在认购特殊管理股的问题。同时，即使推出国家特殊管理股，也并不需要委派董事来代表国家特殊管理股行使权利，因为国家特殊管理股所体现的"一票否决权"是在股东层面而非董事会层面进行，委派董事不仅可能干扰正常的生产经营，模糊控制权与经营权的边界，而且将增加公司治理制度的运行成本。

结束语

在2024年中国投资年会上，与会者围绕中国资本市场的当务之急发出了各种振聋发聩的声音。这些不同的声音也许可以简单概括为两种不尽相同的观点。一种观点认为A股应通过尽快提升股价，带动资本市场投资活跃，为实体经济"输血"，助力经济快速复苏；另一种观点则认为应通过提振经济信心，最终带来股市投资的活跃和股价的提升。那么，A股的当务之急究竟应该是提升股价，还是提振（经济）信心呢？

这两种看似政策侧重点略有不同的观点却反映了大众对资本市场性质的不同认识。前一种观点认为金融发展是因，而经济增长是果；后一种观点则相反，认为经济增长是因，而金融发展是果。对于金融发展（资本市场只是金融发展的一种形态）与经济增长孰为因、孰为果的讨论不是本书的重点。

抛开观察视角的不同不谈，不得不说的是，为了提升股价而提升股价的相关观点反映了一些学者忽视了资本市场定价功能这一基本且重要的事实。概括而言，作为市场"定价"功能的体现，资本市场有以下两种功能。

其一是为企业未来创新定价。由此决定了股票价格（股指）的高低取决于投资者对未来预期的好坏。这是由于资本市场或者金融的本质属性是"向前看"（Looking Forward），是对未来尚未发生的创新（以及与创新相伴相生的风险）带来的价值回报的理性预期。一个投资者看好一只股票，并愿意为其支付高的溢价，不是由于它现在能为该投资者带来股利，而是由于它未来能为投资者创造价值。

结束语

其二是对企业家精神的识别和对企业家才能的定价。我认为资本市场IPO为识别企业家及企业家精神提供了一个标准化的流程。在把价值判断的权利交给资本市场和投资者的注册制时代，那些成功率领一家企业IPO的创始人往往具备了真正企业家的潜质。

理解了资本市场是用来完成对企业未来创新和企业家精神定价的功能，我们自然会认同和接受以下观点，同时对一些耳熟能详的相反观点保持应有的警惕。

第一，股指的高低并不取决于IPO的多寡。

我们看到，对于IPO的多寡影响股指的分析依然是传统的货币银行的资金量供求关系分析思维，这一观点的支持者并没有看到资本市场"向前看"的本质属性，也没有看到资本市场对未来创新和企业家精神进行定价的特殊功能。没有IPO带来的创新元素和新的投资机会，凭什么吸引投资者加入？！在一些将IPO多寡与股指高低简单联系起来的学者的建议下，很长一段时期，A股的IPO几乎处于停滞状态。值得庆幸的是，监管当局也许意识到这一点，很快重启了IPO。

第二，股指的高低不取决于一家已经上市的企业目前是否盈利。

当初推出科创板、进行上市制度改革的一项核心内容就是取消盈利这一传统上市门槛。同样的理由是资本市场的本质属性是向前看。很多企业在实现盈利前长期亏损（例如京东），但并不影响股价高企，原因是投资者看好这家企业的未来。而更加重要的是，一个尚未盈利的企业与一个已经盈利的企业相比更加需要外部融资的支持。而这个外部融资只能是权益融资，而不是到期本金和利息无法偿还将有陷入财务困境之虞的债务融资。

退一步讲，一只目前尚未盈利的股票，投资者却选择了购买，不正是看重其未来的价值增长潜力吗？这不就是典型和标准的价值投资，或者所谓的"耐心资本"吗？一个只有存量、没有增量的股市，发生的只能是"炒股"，而不是投资，更不会发生价值投资。

第三，股指的高低不取决于揪出有劣迹的公司和券商的多少。

这些资本市场的"蛀虫"在任何国家的资本市场以及资本市场发展的任何阶段都会出现，只是危害程度大小不同而已。但这显然并非资本市场问题的根本。资本市场的核心问题依然是能否使投资者形成对未来投资回报安全的稳定预期。正是在上述意义上，投资者权益的法律保护才被哈佛大学施莱弗教授法与金融研究认为是决定一个国家和地区金融发展更为根本的因素，而不是形式上的基于银行还是基于市场的金融体系，更不是十分表面的公司治理模式是基于日德模式还是英美模式。而近年来我国资本市场积极推动的注册制改革的灵魂就是把判断一个企业的价值（是否应该上市，以什么价格上市，以及何时退市）的权利归还给投资者。因而，注册制改革是为投资者权益保护提供基础的制度环境，我们绝不能因为一段时期以来的股价低迷而否定注册制改革。

第四，资本市场不是用来帮助投资者实现财富管理目的的。

在资本市场上，投资回报的多寡很大程度上反映了一个投资者的风险识别能力和管理能力的高低。其基础实现路径依然是通过风险管理下的投资参与，在企业最需要资金支持的时候提供资金支持，分享未来的创新价值实现带来的红利。因此，融资实现（尤其是权益融资实现）是资本市场最基础和最重要的功能，过去如此，现在如此，未来依然会如此。

我们知道，在现代股份公司出现之前，企业发展所需要的外部融资只能依靠债务融资来实现。1602年人类历史上第一家现代股份公司——荷兰东印度公司诞生，时隔九年之后，为了为不满意的股东退出和短期资金周转困难的股东将手中的股票变现提供通道，在荷兰东印度公司办公地点不远处成立了人类历史上第一家证券交易所，一种新的外部融资实现方式出现了。这就是无须资金使用者提供抵押和担保，但未来何时"收回本金和利息"变得充满不确定性的权益融资。正是由于现代股份公司的诞生和资本市场的出现带来的这场融资实现方式的革命，"假如必须等待积累再使某些单个资本增长到能够修建铁路的程度，那么恐怕直到今天世界上还没有铁路,但是,通过股份公司集中转瞬之间就把这件事完成了"(马克思,《资本论》第一卷,1867年,德国汉堡迈斯纳出版社)。乃至于巴特勒把现代股份公司视为"近代人类历史中一项最重要的发明",并强调,"如果没有它,连蒸汽机、电力技术发明的重要性也得大打折扣"。

第五,资本市场不是用来实现股民共同富裕的。

无论是通过资本市场实现财富管理还是股民共同富裕,隐含的假设是通过市值管理,甚至不惜通过包括"国家队"护盘等手段一定能使股指出现持续增长的态势。然而,十分遗憾的是,包括美国在内的很多国家的股指曾出现的几倍甚至几十倍的增长,不是监管当局推动市值管理的结果,更不是"国家队"护盘的结果,而是实行注册制把价值判断的权利返还给资本市场和投资者的结果。常说的是"股市有风险,投资需谨慎"。这意味着股市连一个投资者获取投资回报都保证不了,依靠股市来实现财富管理甚至股民共同富裕更是不现实的。

第六,监管官员的知识背景不能完全决定股指。

一些经济学家尤其关注监管官员(尤其是证监会主席)的知识背景,甚至一些经济学家把A股股指大幅上涨归功于资本金融背景的新一届证监会主席的上任。在我看来,具备什么样的专业背景其实并不那么重要,最重要的是监管者要有一颗敬畏市场、尊重常识的心。

第七,资本市场只是经济发展的晴雨表。

资本市场其实只是对企业未来创新定价和企业家才能与精神的定价。历史上股价为炒而炒,股价很高,但无论股市内外,企业获得的资金支持依然有限,投资依然不足,经济空转的例子比比皆是。因此,通过让股市先"牛"起来,带动投资高涨,进而经济复苏,甚至上行的思路是不可取的。尽管对资本市场的(未来创新和企业家才能与精神)定价功能进行短期的修补也许是必要的,但股市的重振从根本上看依然依赖于未来经济的全面复苏。

如果我们回归到资本市场对未来创新和企业家才能与精神定价功能的

认识，那么，我国资本市场下一步发展的着力点是什么呢？

我认为资本市场未来大的方向依然应该是坚定不移地推进注册制改革，确保把判断一个企业价值的权利交还给投资者这一注册制改革的理念和初衷落地。具体而言，包括以下两点。

其一，监管当局监管的工作重心始终应围绕信息披露环节，不要让股指提升成为评价监管当局政绩的一项指标，而应该以"虚假违规信息披露揭露了多少，处罚了多少"评价监管当局政绩。

这里需要提醒的是，我们不是刻意规定信息披露动作，例如强制要求所有上市公司必须发布 ESG 报告（那样必然产生"洗绿"和"漂绿"等激励扭曲，甚至演化为企业一项不堪承受的公司治理成本，参见郑志刚，"ESG 运动的潮起潮落"，FT 中文网，2024 年 4 月 30 日），而是鼓励企业根据自身发展状况和发展阶段在保障投资者权益充分履行信息知情权的前提下进行更多、更积极和更有效的信息披露；同时对发布虚假信息的公司予以最严厉的惩罚，对于辅助发布和参与造假的中介机构予以最严厉的打击，甚至鼓励发起特别代表人的集体诉讼申请民事赔偿，让那些胆敢"越雷池一步"的公司和中介机构付出沉重代价，让弄虚作假、合谋欺诈的信息披露在 A 股市场绝迹。在充分真实的信息披露下，让资本市场和投资者基于风险识别和风险管理能力对公司的价值独立做出判断。

其二，在注册制透明的上市和退市规则下，该 IPO 就 IPO，该退市的则严格退市。

IPO 不仅为资本市场带来了创新的元素和新的投资机会，而且是资本市场支持实体经济发展最直接的路径之一。它同时为识别企业家进而企业家精神提供了一个标准化的流程。我们没有理由说停就停。而退市是对一家企业以往的发债发股的融资渠道的彻底阻断，是监管当局对一家具有不良记录企业最严厉的处罚之一。一个融资渠道被阻断的企业意味着"输血"功能的丧失，距离企业"死亡"已经不远。这对于绝大多数的企业而言都是一项不当资本市场行为的可置信惩罚。

结束语

　　如果我们的资本市场能做到这些，就很好地具备了一个资本市场应有的（未来创新和企业家才能与精神）定价功能，万事俱备，那就只欠经济复苏的"东风"了。用很多人喜欢用来鼓励年轻人特立独行的但丁·阿利吉耶里（Dante Alighieri）的格言来说，这就是"（A股只需）走自己的路，让别人（投资者）去说吧"。